영문법!
세상에서 가장 명쾌하고 세련된 영어로
오바마에게
배워라

OBAMA NI MANABE! EIBUNPO
Text by Hiroshi Shimada © 2009 Hiroshi Shimada
All rights reserved.
First published in Japan in 2009 by Kenkyusha Co., Ltd.
Korean translation rights arranged with Kenkyusha Co., Ltd.
through Imprima Korea Agency.
Korean translation copyright © 2010 Darakwon Publishing Inc.

이 책의 한국어판 저작권은 Imprima Korea Agency를 통해
Kenkyusha Co., Ltd.와의 독점계약으로 다락원에 있습니다.
저작권법에 의해 한국 내에서 보호를 받는 저작물이므로
무단전재와 무단복제를 금합니다.

영문법! 오바마에게 배워라

지은이 시마다 히로시
펴낸이 정규도
펴낸곳 (주)다락원

초판 1쇄 인쇄 2010년 2월 26일
초판 1쇄 발행 2010년 3월 5일

책임편집 전은애, 김현
디자인 구수정, 이승현

᠍ 다락원 경기도 파주시 교하읍 문발리 509-1
내용문의: (02)736-2031 내선 308
구입문의: (02)736-2031 내선 112~114
Fax: (02)732-2037
출판등록 1977년 9월 16일 제300-1977-23호

한국내 판권 ⓒ 2010, 다락원

저자 및 출판사의 허락 없이 이 책의 일부 또는 전부
를 무단 복제·전재·발췌할 수 없습니다. 잘못된 책
은 바꿔 드립니다.

값 9,000원

ISBN 978-89-277-0014-2 13740

http://www.darakwon.co.kr

- 다락원 홈페이지를 방문하시면 상세한 출판 정보와 함께
  동영상강좌, MP3자료 등 다양한 어학 정보를 얻으실 수
  있습니다.

영문법!
세상에서 가장 명쾌하고 세련된 영어로
오바마에게 배워라

다락원

저자의 말

2009년 1월 20일, 제44대 미국 대통령이 된 버락 오바마 당선자가 전 세계인이 지켜보는 가운데 연방의회 의사당 앞에서 대통령 취임연설을 했지요. 이 책은 바로 그 **오바마 미 대통령 취임연설을 문법적으로 접근하여 해설한 책**입니다.

오바마 대통령의 연설은 취임 전부터 그 격조 높고 박력 있는 표현들로 미국 안팎에서 큰 화제가 되었습니다. "Yes We Can!"이라는 문구를 중심으로 한 연설에 수많은 사람들이 매료되었지요. 그렇다 보니, 어떤 영어인지 들어보고 읽어보면서 내용의 깊이를 알아보고 싶다는 마음으로 서점을 방문하거나 인터넷에서 관련 자료를 찾아본 사람도 많았던 모양입니다.

그런데, 오바마 대통령의 취임연설은 그 전까지의 연설과는 사뭇 달랐습니다. 실제로 이 연설을 영상이나 책을 통해 접해 봤다면 그리 쉽지 않다는 것을 눈치 챘을 것입니다. 물론, **취임연설은 표현 면에서나 내용 면에서 상당히 격조 높고 문어체에 가까운 정통 영어를 사용**하기 때문에, 내용을 자연스럽게 이해하려면 상당한 영어실력이 필요합니다.

듣고 이해하기 전에 읽고 이해하는 것이 급선무라고 생각한 영어 학습자도 많았으리라 생각합니다. 그러나 그런 학습자들을 위해 **명연설문을 다루고 있는 책들은 번역 예와 어구 소개, 간단한 해설만 추가해 놓은 것들이 대부분**이라서 책을 읽고 나서도 '이 문장은 어떻게 이런 의미가 된 걸까?' 하는 의문을 품은 채 끝나는 경우가 많지요.

그래서 강사로서 다져온 노하우를 토대로 오바마 대통령의 취임연설을 문법적으로 해설해보자 결심했습니다. 이 연설문을 완전하게 이해할 수 있도록 하는 사다리 역할을 해야겠다고 생각했습니다. 그와 동시에 아무리 격조 높은 영어라도 학교에서 배우는 문법으로 충분히 소화해 낼 수 있다는 것을 증명하고 싶었습니다. 그것이 이 책을 쓰게 된 동기입니다.

오바마 대통령의 생생한 영어를 '영문법'이라는 관점에서 분석하여 학습하는 이 책이 세계 최강국을 이끌어 갈 그의 세계관과 방향성을 깊이 이해하고 총체적인 영어실력을 높이는 데 도움이 된다면 더 이상의 기쁨은 없을 것입니다. 이 책을 100% 활용하기 바랍니다.

시마다 히로시

이 책의 구성

Part 1 오바마 대통령 취임연설과 그 특징

본격적인 공부에 들어가기 앞서 오바마 대통령 취임연설의 특징은 무엇이고 왜 이 연설로 영어공부를 해야 하는지, 공부 방법은 무엇인지 힌트 삼아 읽어 보세요. 그리고 나서 취임연설 전문과 씨름해 보기 바랍니다. 모르는 곳이 나오더라도 그대로 읽어 내려간 뒤, Part2에서 문법 해설을 통해 자세히 짚어 나가면 문장을 깊이 있게 이해하는 데 도움이 될 것입니다.

Part 2 단락별 연설문과 그에 따른 문법 해설

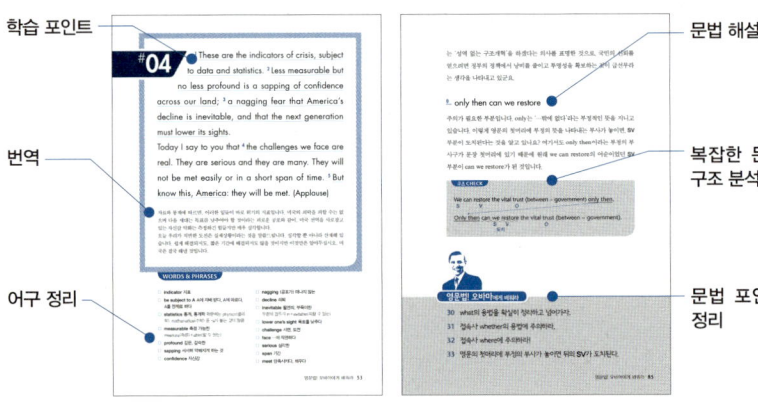

내용의 흐름에 따라 단락을 나눈 후, 문법적인 접근이 필요한 곳마다 해설을 덧붙였습니다. 어구 제시로 학습에 도움을 주었고, 단락이 끝날 때마다 문법 포인트를 정리해 놓아 학습 내용을 되새길 수 있게 하였습니다.

Part 3 핵심문법 CLASS

연설문에 반복적으로 등장하는 핵심문법 15가지를 간결한 개념 설명 및 정확한 예문과 함께 정리하여 언제고 찾아볼 수 있게 하였습니다.

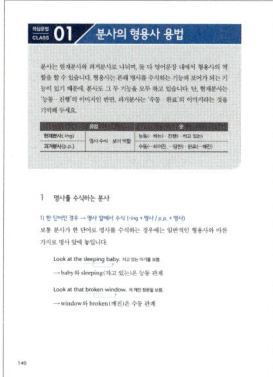

오바마 대통령 취임연설 MP3 파일 무료 다운로드 www.darakwon.co.kr

이 책의 순서

저자의 말 ··· 004
이 책의 구성 ·· 006

Part 1 오바마 대통령 취임연설과 그 특징

오바마 대통령 취임연설로 공부해야 하는 이유 ············· 012
오바마 대통령 취임연설의 특징 ································· 013
오바마 대통령 취임연설을 이용한 공부법 ····················· 014
오바마 대통령 취임연설 전문과 해석 ··························· 016

일러두기 ··· 030

Part 2 단락별 연설문과 그에 따른 문법 해설

01 ·· 034
02 ·· 041
03 ·· 048
04 ·· 053
05 ·· 057
06 ·· 062
07 ·· 065
08 ·· 069
09 ·· 074
10 ·· 079
11 ·· 086
12 ·· 090
13 ·· 095
14 ·· 098
15 ·· 102

\# 16 ··· 107
\# 17 ··· 110
\# 18 ··· 113
\# 19 ··· 117
\# 20 ··· 122
\# 21 ··· 127
\# 22 ··· 130
\# 23 ··· 133

Part 3 핵심문법 CLASS

① 분사의 형용사 용법 ·· 140
② 보어를 취하는 동사 ·· 143
③ 「V+A+전치사+B」의 형태로 쓰이는 동사 ······························· 145
④ 틀리기 쉬운 수동태 ·· 149
⑤ 접속사 that의 용법 ·· 150
⑥ 분사구문 ·· 153
⑦ 부정과 맞물린 비교 표현 ··· 158
⑧ 부정사의 부사적 용법 ·· 160
⑨ 도치 ··· 162
⑩ What의 용법 일람 ·· 164
⑪ S와 V가 떨어져 있는 경우 ··· 166
⑫ 구전치사 ·· 168
⑬ 강조구문 ·· 171
⑭ if절을 사용하지 않는 가정법 ·· 173
⑮ 부대상황의 with ·· 175

Part 1
오바마 대통령 취임연설과 그 특징

본격적인 공부에 들어가기 앞서 오바마 대통령 취임연설의 특징은 무엇이고 왜 이 연설로 영어공부를 해야 하는지 공부 방법은 무엇인지 힌트 삼아 읽어보세요. 그러고 나서 취임연설 전문과 씨름해 보기 바랍니다. 모르는 곳이 나오더라도 그대로 읽어 내려간 뒤, Part2에서 문법 해설을 통해 자세히 짚어나가면 문장을 깊이 있게 이해하는 데 도움이 될 것입니다.

오바마 대통령 취임연설로
공부해야 하는 이유

어느 날, TV에서 워싱턴 D.C.의 내셔널 몰을 가득 메운 250만 명의 청중 앞에서 취임연설을 하는 오바마 대통령을 보며 이렇게 느꼈습니다.

'이번 연설은 분명 지금까지의 오바마 연설과는 다르다. 지금까지는 누구나 알고 있는 쉬운 표현들을 사용해서 청중을 선동하는 듯한 인상을 받았지만, 이번 취임연설에 쓰인 영어는 도치, 생략, 강조구문 등을 구사한 매우 격조 높은 문어체 영어다!'

누구든 연설을 들을 때는 내용에 집중하기 마련이지만 영어 강사의 슬픈 본능 때문인지 구조나 문법이 먼저 신경 쓰이는 필자는 연설을 들은 그 날부터 연설문을 어휘·문법·구조·내용 면에서 거듭 재검토하고 철저히 분석하기로 결심했습니다. 그리고 그 결론은 '영어를 공부하는 사람에게 오바마 대통령 취임연설은 절호의 영어 텍스트가 될 수 있다!'였습니다. 그래서 이 연설문에 나타난 포인트를 철저하게 해설하는 데 최선을 다했습니다. 분명 '이 연설의 영어로서의 가치'에 대해 깊이 이해하게 될 것이며, 나아가 영어공부에 꼭 필요한 주요 문법을 정리할 수 있게 될 것입니다.

오바마 대통령의 취임연설은 명실 공히 세계 최강국인 미국의 수장이 될 수 있었던 버락 오바마라는 인물의 생각이 일류 연설문 작성자에 의해 정리된, 현시점에서는 최고의 영어 교본입니다.

오바마 대통령 취임연설의 특징

이 취임연설의 큰 특징은, 오바마 대통령의 취임 전 대표적인 문구라고 할 수 있는 "Yes, we can!"처럼 '모두가 알기 쉬운 간단한 단어를 사용하면서도 강렬한 인상을 주는 표현으로 청중을 사로잡는다'는 이미지가 한 단계 업그레이드되었다는 것입니다. 실로 세계 톱 리더의 취임연설로 손색이 없는 격조 높고 내용도 충실한 명문으로 거듭났다고 할 수 있습니다.

구체적으로 말하면, 어휘 수준이 현격히 높다는 점, 꽤 많은 문장들이 복잡한 구조를 이루고 있다는 점, 생략·도치·강조 등 특수 표현이 곳곳에 보인다는 점, 상관 표현이 자주 나온다는 점, 복잡한 공통 관계가 많이 보이는 점 등등. 이러한 요인에 따라 기존 연설들에 비해 영어의 수준이 확실히 높아져 있습니다. 또, 영문이 적절하게 끊어져 있는 리듬감 있는 문체이며, 지금까지의 미국 역사를 잘 버무려 넣음으로써 현재 미국이 처한 힘든 상황에 다 함께 맞서자고 민중을 고무하는 내용입니다.

오바마 대통령 취임연설을 이용한 공부법

아직 영어에 자신이 없다고 생각하는 분들도 안심하세요. 외국어를 공부할 때는 모르는 것에 신경 쓰기보다는 아는 것을 쌓아가는 것이 무엇보다 중요합니다. 해설을 보며 '이곳에 이런 것이 생략되어 있었구나', '도치에는 이런 규칙이 있구나', '강조구문은 조심해야겠다', '분사구문은 학교를 졸업하면서 잊고 지냈는데 이런 거였지' 하면서 즐기는 것이 중요합니다. 완벽을 추구하기보다는 호기심을 가지고, 오바마 대통령의 영어를 자신의 실력으로 이해할 수 있을 때까지 파헤쳐 봅시다. 공부란 '호기심을 채우는 즐거운 일'이니까요.

1. 본격적인 Part2 공부에 들어가기에 앞서 오바마 대통령의 취임연설 전문을 읽어보세요. 모르는 것이 나와도 용기 있게 읽어 나가세요.

'도대체 이 영문에는 어떤 문법이 숨겨져 있을까?' 필자가 Part2에서 문법 포인트로 꼽아 해설할 곳이 어디일지 미리 짐작해 본다면 학습 효과가 더욱 높아질 것입니다.

또, 모르는 단어가 나오면 형광펜 등으로 표시를 해두는 것도 좋은 방법입니다. Part2에 단어와 어구를 정리해 놓은 코너도 마련되어 있으니 추후 그것을 참고로 어휘를 늘려갑시다. 어휘는 확실히 이해한 영문에서 늘려가는 것이 가장 효과적이며, 또 그래야 잘 잊어버리지 않는다고 합니다. 게다가 이 연설에 실린 모든 어휘는 '미국 대통령'이 4년에 한 번 있는 대통령 취임연설에서 사용한, 수억 명 이상이 들은 어휘입니다. 분명히 외울 만한 가치가 있지요.

2. Part2의 문법 해설을 모두 공부한 후에는 다시 연설 전문을 읽어보세요.

이미 어휘와 문법을 익힌 당신은 이 연설문을 처음 보았을 때와는 전혀 다른 사람처럼 술술 읽을 수 있을 것이고, 학교에서 시험을 본다는 기분으로 중요한 부분이 어떤 것이었는지 재확인해 나간다면 영어실력이 한 번 더 몰라보게 향상될 것입니다.

3. 문법과 어휘 면에서 모두 이해했다면 연설문 전체를 소리 내어 여러 번 읽으세요.

어휘나 영문의 구조를 분명히 알고 나서 문장을 큰 소리로 낭독하는 것은 수준 높은 영문을 내 것으로 흡수하는 가장 효과적인 방법입니다.

4. 이 책을 모두 읽은 후에는 반드시 오바마 대통령 취임연설의 실제 영상을 보도록 하세요.

2009년 1월 20일, 영하 7도의 혹한 속에서 200만 명이 넘는 청중들을 앞에 두고 했던 취임연설의 영상은 백악관 공식 홈페이지(www.whitehouse.gov)에서 'Inaugural Address'로 검색하면 볼 수 있습니다. 또한 mp3 파일은 다락원 홈페이지(www.darakwon.co.kr)에서 무료로 다운로드 받을 수 있습니다. 어휘와 문법을 알고 소리 내어 읽기를 반복하였기에 그 영문을 세상에서 가장 잘 이해하고 있는 사람이 되었음을 실감할 수 있을 것입니다.

그럼 우선 취임연설문 전문을 천천히 훑어보시기 바랍니다.

오바마 미대통령 취임연설 전문과 해석

#01

My fellow citizens: I stand here today humbled by the task before us, grateful for the trust you have bestowed, mindful of the sacrifices borne by our ancestors.

I thank President Bush for his service to our nation — (Applause) — as well as the generosity and cooperation he has shown throughout this transition.

#02

Forty-four Americans have now taken the presidential oath. The words have been spoken during rising tides of prosperity and the still waters of peace. Yet, every so often, the oath is taken amidst gathering clouds and raging storms. At these moments, America has carried on not simply because of the skill or vision of those in high office, but because we the People have remained faithful to the ideals of our forebears, and true to our founding documents.

So it has been; so it must be with this generation of Americans.

#03

That we are in the midst of crisis is now well understood. Our nation is at war, against a far-reaching network of violence and hatred. Our economy is badly weakened, a consequence of greed and irresponsibility on the part of some, but also our collective failure to make hard choices and prepare the nation for a new age. Homes have been lost; jobs shed; businesses shuttered. Our health care is too costly; our schools fail too many; and each day brings further evidence that the ways we use energy strengthen our adversaries and threaten our planet.

#01

친애하는 국민 여러분, 저는 오늘 우리 앞에 놓인 책무에 대해 겸허한 마음으로, 여러분들이 보내주신 신뢰에 감사하는 마음으로, 그리고 우리 선조들의 희생을 기리는 마음으로 이 자리에 섰습니다.

저는 부시 대통령이 정권 인수 과정에서 보여주신 배려와 협력뿐 아니라 국가를 위해 공헌해 주신 것에 감사를 드립니다.

#02

이제 마흔네 명의 미국인이 대통령 취임선서를 하게 되었습니다. 높아져 가는 번영의 조류 속에서 선서가 이루어지기도 했고, 잔잔한 평화의 해역에서 선서가 행해지기도 했습니다. 하지만 때로는 구름이 잔뜩 끼고 성난 폭풍우가 몰아치는 가운데 행해지기도 합니다. 이러한 순간에도 미국은, 단순히 고위 관리들의 솜씨나 통찰력 덕분이라기보다는 우리 국민들 모두가 선조들의 이상과 건국 문서들에 충실했기 때문에 계속 나아갈 수 있었습니다.

지금껏 그래왔듯이 현 세대의 우리들도 그래야만 합니다.

#03

알다시피 우리는 현재 위기에 처해 있습니다. 우리나라는 그물처럼 광범위하게 뻗은 폭력 및 증오와 전쟁 중입니다. 우리의 경제는 매우 약해졌습니다. 이는 일부의 탐욕과 무책임함 때문이기도 하지만, 우리 모두가 어려운 결정을 내려 국가가 새로운 시대를 준비하도록 하는 데 실패했기 때문이기도 합니다. 집을 잃고, 직장에서 해고당하고, 기업들은 문을 닫았습니다. 의료비는 너무나 비싸고, 학교 교육은 너무 많이 실패하고 있습니다. 우리가 힘을 사용하는 방식이 우리의 적을 강화시키는 동시에 전 세계를 위협하고 있다는 증거들이 매일같이 보다 확실히 드러나고 있습니다.

#04

These are the indicators of crisis, subject to data and statistics. Less measurable but no less profound is a sapping of confidence across our land; a nagging fear that America's decline is inevitable, and that the next generation must lower its sights.

Today I say to you that the challenges we face are real. They are serious and they are many. They will not be met easily or in a short span of time. But know this, America: they will be met. (Applause)

#05

On this day, we gather because we have chosen hope over fear, unity of purpose over conflict and discord. On this day, we come to proclaim an end to the petty grievances and false promises, the recriminations and worn-out dogmas that for far too long have strangled our politics.

We remain a young nation, but in the words of Scripture, the time has come to set aside childish things. The time has come to reaffirm our enduring spirit; to choose our better history; to carry forward that precious gift, that noble idea, passed on from generation to generation: the God-given promise that all are equal, all are free, and all deserve a chance to pursue their full measure of happiness. (Applause)

#06

In reaffirming the greatness of our nation, we understand that greatness is never a given. It must be earned. Our journey has never been one of shortcuts or settling for less. It has not been the path for the faint-hearted, for those who prefer leisure over work, or seek only the pleasures of riches and fame. Rather, it has been the risk-takers, the doers, the makers of things — some celebrated but more often men and women obscure in their labor — who have carried us up the long, rugged path towards prosperity and freedom.

#04

자료와 통계에 따르면, 이러한 일들이 바로 위기의 지표입니다. 미국의 쇠락을 피할 수는 없으며 다음 세대는 목표를 낮추어야 할 것이라는 괴로운 공포와 같이, 미국 전역을 사로잡고 있는 자신감 약화는 측정하긴 힘들지만 매우 심각합니다.

오늘 우리가 직면한 도전은 실제상황이라는 것을 말씀드립니다. 심각할 뿐 아니라 산재해 있습니다. 쉽게 해결되지도, 짧은 기간에 해결되지도 않을 것이지만 이것만은 알아두십시오. 미국은 결국 해낼 것입니다.

#05

오늘 우리는 두려움을 넘어 희망을, 갈등과 불화를 넘어 일치된 목적을 선택했기에 이 자리에 모였습니다. 오늘 우리는 우리의 정치를 오랫동안 옥죄어 왔던 사소한 불만들과 거짓 공약들, 상호비방과 낡은 독단론들의 종식을 선언하기 위해 이 자리에 왔습니다.

미국은 여전히 젊은 국가이지만 이제는 성서의 말씀대로 유치함을 버릴 때가 왔습니다. 우리의 불후의 정신을 다시 확인하고, 더 나은 역사를 선택하며, 세대를 거쳐 전해진 값진 선물인 숭고한 사상을 지니고 전진할 때가 왔습니다. 만인은 평등하고 자유로우며, 최대 행복 추구의 기회를 누릴 자격이 있다는 신이 주신 약속 말입니다

#06

미국의 위대함을 재확인하는 가운데, 우리는 위대함이 결코 거저 주어지는 것이 아니라 스스로 이뤄내야 한다는 점을 알고 있습니다. 우리의 여정은 결코 지름길도 아니었고 작은 성과에 안주하는 길도 아니었습니다. 일보다는 여가를 선호하고 부와 명예의 기쁨만을 추구하는 나약한 자들의 길이 아니었습니다. 오히려 그 길은 우리를 이끌고 길고 험난한 길을 따라 번영과 자유를 향해 나아간 위험을 무릅쓰는 이들, 실천하는 이들, 무언가를 만들어내는 이들의 길이었습니다. 이들 중 일부는 유명인들이지만, 대부분은 남모르게 고생하는 사람들입니다.

#07

For us, they packed up their few worldly possessions and traveled across oceans in search of a new life. For us, they toiled in sweatshops and settled the West, endured the lash of the whip and plowed the hard earth. For us, they fought and died, in places like Concord and Gettysburg, Normandy and Khe Sahn.

Time and again these men and women struggled and sacrificed and worked till their hands were raw so that we might live a better life. They saw America as bigger than the sum of our individual ambitions, greater than all the differences of birth or wealth or faction.

#08

This is the journey we continue today. We remain the most prosperous, powerful nation on Earth. Our workers are no less productive than when this crisis began. Our minds are no less inventive, our goods and services no less needed than they were last week or last month or last year. Our capacity remains undiminished.

But our time of standing pat, of protecting narrow interests and putting off unpleasant decisions — that time has surely passed. Starting today, we must pick ourselves up, dust ourselves off, and begin again the work of remaking America. (Applause)

#09

For everywhere we look, there is work to be done. The state of the economy calls for action, bold and swift, and we will act — not only to create new jobs, but to lay a new foundation for growth. We will build the roads and bridges, the electric grids and digital lines that feed our commerce and bind us together. We will restore science to its rightful place, and wield technology's wonders to raise health care's quality and lower its cost. We will harness the sun and the winds and the soil to fuel our cars and run our factories. And we will transform our schools and colleges and universities to meet the demands of a new age. All this we can do. All this we will do.

#07

우리를 위해, 그들은 자신들의 얼마 안 되는 전 재산을 들고 새로운 삶을 찾아 대양을 건너왔습니다. 우리를 위해, 그들은 공장에서 혹사당했고 서부에 정착하여 채찍질을 감내하며 황야를 일 궜습니다. 우리를 위해, 그들은 콩코드와 게티즈버그, 노르망디와 케산 같은 곳에서 싸우다 전사하였습니다.

이들은 남녀를 막론하고 우리가 더 나은 삶을 살 수 있도록 손의 살갗이 벗겨질 때까지 몇 번이고 되풀이하여 분투하고, 희생하고, 일했습니다. 그들은 우리 미국을 각 개인들의 야망을 모두 합한 것보다 더 크고, 태생이나 빈부, 당파의 차이보다 더 위대한 나라로 보았던 것입니다.

#08

이것이 바로 오늘날 우리가 계속 걷고 있는 여정입니다. 미국은 여전히 지구상에서 가장 부유하고 강한 국가입니다. 우리 근로자들은 이 위기가 시작됐을 때와 다름없이 생산적입니다. 지난 주, 지난 달, 아니 지난해와 다름없이 우리의 정신은 창의적이고 재화와 용역의 수요도 줄어들지 않았습니다. 우리의 능력은 쇠퇴하지 않았습니다.

하지만 자기 의견만을 고수하거나 편협한 이익을 보호하고 내키지 않는 결정들을 뒤로 미루는 시기는 분명히 지나갔습니다. 오늘부터 우리는 스스로를 추슬러 먼지를 털고 일어나 미국을 재건하는 일을 다시 시작해야 합니다.

#09

어디를 둘러보아도 해야 할 일이 있기 때문입니다. 경제 상황은 대담하고 신속한 행동을 요하고 있습니다. 우리는 새로운 일자리를 창출하기 위해서만이 아니라 성장 기반을 마련하기 위해서 행동할 것입니다. 우리는 상업에 활력을 불어넣고 우리를 한데 묶어줄 도로와 교량, 전력망과 디지털 회선을 건설할 것입니다. 우리는 과학을 제자리로 돌려놓을 것이고, 의료 체계의 질은 향상시키면서 비용은 낮출 기술의 기적을 활용할 것입니다. 우리는 태양과 바람, 토양을 이용해 자동차에 연료를 공급하고 공장을 가동할 것입니다. 그리고 새 시대의 요구에 부응할 수 있도록 각종 학교와 대학교를 개혁할 것입니다. 우리는 이 모든 것을 할 수 있습니다. 할 것입니다.

#10

Now, there are some who question the scale of our ambitions — who suggest that our system cannot tolerate too many big plans. Their memories are short, for they have forgotten what this country has already done, what free men and women can achieve when imagination is joined to common purpose, and necessity to courage. What the cynics fail to understand is that the ground has shifted beneath them, that the stale political arguments that have consumed us for so long no longer apply.

The question we ask today is not whether our government is too big or too small, but whether it works — whether it helps families find jobs at a decent wage, care they can afford, a retirement that is dignified. Where the answer is yes, we intend to move forward. Where the answer is no, programs will end. And those of us who manage the public's dollars will be held to account — to spend wisely, reform bad habits, and do our business in the light of day — because only then can we restore the vital trust between a people and their government.

#11

Nor is the question before us whether the market is a force for good or ill. Its power to generate wealth and expand freedom is unmatched. But this crisis has reminded us that without a watchful eye, the market can spin out of control — and that a nation cannot prosper long when it favors only the prosperous. The success of our economy has always depended not just on the size of our Gross Domestic Product, but on the reach of our prosperity, on the ability to extend opportunity to every willing heart — not out of charity, but because it is the surest route to our common good. (Applause)

#10

현재, 우리의 제도로는 수많은 거대한 계획들을 감내할 수 없다며 우리가 밝힌 포부의 규모에 의심을 품는 사람들이 있습니다. 그러나 그들은 자신들의 짧은 기억력을 탓해야 합니다. 이 나라가 이미 해낸 일들, 즉, 상상력이 공공의 목적과 결합되고 필요가 용기를 만날 때 자유인들이 해낼 수 있는 것이 무엇인지를 잊었기 때문입니다. 냉소주의자들이 이해 못하는 것은 발밑에서 지각변동이 일어났다는 사실, 즉 우리를 오랫동안 소모적으로 이끌어왔던 진부한 정치적 논거들이 더 이상 먹혀들지 않는다는 사실입니다.

오늘날 우리가 던져야 할 질문은 정부가 너무 큰가 작은가가 아니라 실효성이 있느냐 없느냐 하는 것입니다. 즉, 정부가 가족들에게 타당한 보수의 직업을 찾을 수 있도록 해주고, 비용을 지불할 수 있을 만한 의료 혜택을 받을 수 있도록 해주며, 품위 있는 퇴직생활을 할 수 있도록 돕고 있는가 하는 것입니다. 대답이 "예"라면 그곳으로 전진할 것이요, "아니요"라면 계획이 중지될 것입니다. 공금을 관리하는 이들은 책임지고 돈을 현명하게 지출하고 악습들을 개혁하며 투명한 사업을 하게 될 것입니다. 그럴 때에만 비로소 국민과 정부 사이에 중요한 신뢰가 회복될 수 있기 때문입니다.

#11

또한 우리의 당면 문제는 시장이 선을 위한 힘인지 악을 위한 힘인지에 관한 것이 아닙니다. 부를 창출해 내고 자유를 팽창시키는 시장의 힘은 비길 데 없이 막강합니다. 하지만 이번 위기를 통해 우리는 감시의 눈이 없을 때에는 시장이 통제를 벗어날 수도 있다는 사실과 더불어 부유층에게만 호의를 베푸는 국가는 지속적인 번영을 누릴 수 없다는 사실을 깨달았습니다. 우리 경제의 성공은 항상 국내총생산의 규모에만 좌우되는 것이 아니고, 번영이 미치는 범위와 의욕을 가진 모든 이들에게 기회를 확대할 수 있는 우리의 능력에 달려 있습니다. 동정심 때문이 아니라, 그것이 공익에 도달하는 가장 확실한 길이기 때문입니다.

#12

As for our common defense, we reject as false the choice between our safety and our ideals. Our Founding Fathers — (Applause) — our Founding Fathers, faced with perils we can scarcely imagine, drafted a charter to assure the rule of law and the rights of man — a charter expanded by the blood of generations. Those ideals still light the world, and we will not give them up for expedience's sake. (Applause)

And so, to all the other peoples and governments who are watching today, from the grandest capitals to the small village where my father was born, know that America is a friend of each nation and every man, woman, and child who seeks a future of peace and dignity, and we are ready to lead once more. (Applause)

#13

Recall that earlier generations faced down fascism and communism not just with missiles and tanks, but with sturdy alliances and enduring convictions. They understood that our power alone cannot protect us, nor does it entitle us to do as we please. Instead, they knew that our power grows through its prudent use; our security emanates from the justness of our cause, the force of our example, the tempering qualities of humility and restraint.

#14

We are the keepers of this legacy. Guided by these principles once more, we can meet those new threats that demand even greater effort — even greater cooperation and understanding between nations. We will begin to responsibly leave Iraq to its people, and forge a hard-earned peace in Afghanistan. With old friends and former foes, we will work tirelessly to lessen the nuclear threat, and roll back the specter of a warming planet.

We will not apologize for our way of life, nor will we waver in its defense. And for those who seek to advance their aims by inducing terror and slaughtering innocents, we say to you now that our spirit is stronger and can not be broken; you cannot outlast us, and we will defeat you. (Applause)

#12

공동의 안보에 관한 한, 우리는 안전과 이상 사이에서 한 가지만을 선택하는 것은 그릇된 것으로 간주하고 거부할 것입니다. 우리의 헌법 제정자들은 좀처럼 상상하기 힘든 위험과 맞닥뜨리면서, 법치와 인권을 보장하는 헌장의 기초를 마련하였고, 이는 세대를 거치면서 흘린 피로써 확장되었습니다. 그러한 이상들이 여전히 이 세상을 비추고 있으니, 우리는 단순히 편의를 위해 그것들을 저버리지는 않을 것입니다.

그리고 거대한 수도부터 저희 부친이 태어난 작은 마을에 이르기까지, 오늘 이 자리를 지켜보고 있는 타국의 모든 국민들과 정부에게 고합니다. 미국은 각국의 친구요, 평화롭고 품위 있는 미래를 추구하는 남녀노소의 친구라는 것을 알아두십시오. 그리고 미국은 다시 한 번 앞장설 준비가 되어 있습니다.

#13

앞선 세대가 미사일과 탱크뿐만 아니라 불굴의 동맹과 꺾이지 않는 신념으로 파시즘과 공산주의를 제압했던 사실을 떠올리십시오. 그분들은 힘만으로는 우리 자신을 보호할 수 없으며, 또한 힘만으로는 우리가 마음대로 할 수 있는 권한을 부여받지 못한다는 점을 이해하고 있었습니다. 대신 그분들은 힘은 신중히 사용할 때 더 커진다는 사실과 함께, 우리의 안보는 대의의 정당성과 본이 되는 힘, 그리고 겸허와 절제를 조정하는 자질에서 나온다는 사실을 알고 있었습니다.

#14

우리는 이러한 유산의 수호자들입니다. 다시 한 번 이러한 원칙들을 따라 나간다면, 우리는 각국 간 보다 큰 협력과 상호이해와 같은 더 큰 노력을 요하는 새로운 위협에 대처해 나갈 수 있을 것입니다. 우리는 이라크를 책임 있게 자국민에게 맡기고, 아프가니스탄에서는 어렵게 달성한 평화를 공고히 할 것입니다. 우리는 오랜 우방은 물론 과거의 적국들과도 함께 핵 위협을 감소시키고, 온난화 중인 지구의 망령을 쫓아내기 위해 부단히 노력할 것입니다.

우리는 우리의 삶의 방식에 대해 사과하지 않을 것이고 그러한 방식을 고수하는 데 주저하지도 않을 것입니다. 그리고 테러를 일으키고 무고한 시민들을 학살하여 자신들의 목표를 달성하려는 이들에게 지금 이렇게 전합니다. 우리의 정신력은 더 강력해져 깨어지지 않을 것이고, 당신들은 우리보다 오래가지 못할 것이며 우리가 당신들을 패배시킬 것이라고 말입니다.

#15

For we know that our patchwork heritage is a strength, not a weakness. We are a nation of Christians and Muslims, Jews and Hindus — and non-believers. We are shaped by every language and culture, drawn from every end of this Earth; and because we have tasted the bitter swill of civil war and segregation, and emerged from that dark chapter stronger and more united, we cannot help but believe that the old hatreds shall someday pass; that the lines of tribe shall soon dissolve; that as the world grows smaller, our common humanity shall reveal itself; and that America must play its role in ushering in a new era of peace.

#16

To the Muslim world, we seek a new way forward, based on mutual interest and mutual respect. To those leaders around the globe who seek to sow conflict, or blame their society's ills on the West — know that your people will judge you on what you can build, not what you destroy. (Applause)

To those, to these who cling to power through corruption and deceit and the silencing of dissent, know that you are on the wrong side of history; but that we will extend a hand if you are willing to unclench your fist. (Applause)

#17

To the people of poor nations, we pledge to work alongside you to make your farms flourish and let clean waters flow; to nourish starved bodies and feed hungry minds. And to those nations like ours that enjoy relative plenty, we say we can no longer afford indifference to suffering outside our borders; nor can we consume the world's resources without regard to effect. For the world has changed, and we must change with it.

#15

우리의 다양한 유산은 약점이 아니라 강점이라는 사실을 우리는 알고 있기 때문입니다. 우리나라는 기독교도와 이슬람교도, 유태인과 힌두교도 및 무신론자들로 이루어진 국가입니다. 우리나라는 지구상 각 곳에서 온 모든 언어와 문화로 이루어져 있습니다. 내전과 인종차별의 쓰라림을 맛보았고, 또한 보다 강하고 단결된 모습으로 어두운 시기를 빠져나온 경험이 있기 때문에 우리는 해묵은 증오가 언젠가는 사라지고 종족간의 경계도 머지않아 사라질 것이며, 세계가 점점 작아짐에 따라 공동의 인류애가 저절로 모습을 드러낼 것이고 미국은 새로운 평화의 도래를 알리는 역할을 해야 한다고 믿지 않을 수 없습니다.

#16

이슬람 세계에 고합니다. 우리는 상호 이익과 상호 존중에 의거하여 새로운 전진의 길을 모색하겠습니다. 분쟁의 씨앗을 뿌리거나 이슬람 사회의 병폐를 서구의 탓으로 돌리고자 하는 전 세계의 이슬람 지도자 여러분은 명심하십시오. 여러분의 국민들은 여러분이 파괴한 것이 아니라 건설한 것을 기초로 여러분을 판단할 것입니다.

부패와 협잡, 그리고 반대의 소리를 봉쇄하는 방법으로 정권에 집착하는 자들은 알아두십시오. 현재 당신들은 역사의 그릇된 쪽에 서 있습니다만, 거머쥔 손을 펼 용의가 있다면 우리는 기꺼이 손을 뻗겠습니다.

#17

가난한 국가의 국민들에게 맹세합니다. 우리는 여러분의 농장을 번성케 하고 깨끗한 물을 흐르게 하며, 굶주린 몸에 영양을 공급하고 허기진 마음에 양식을 공급하기 위해 당신들과 함께 일하겠습니다. 또한 우리처럼 비교적 부유하며 풍요로움을 누리는 국가에게 고합니다. 우리는 더 이상 국경 밖의 고통에 무관심할 수 없으며, 결과를 무시한 채 세계 자원을 낭비할 수도 없습니다. 세계는 변했고, 우리도 이에 발맞춰 변해야 하기 때문입니다.

#18

As we consider the role that unfolds before us, we remember with humble gratitude those brave Americans who, at this very hour, patrol far-off deserts and distant mountains. They have something to tell us, just as the fallen heroes who lie in Arlington whisper through the ages.

We honor them not only because they are guardians of our liberty, but because they embody the spirit of service — a willingness to find meaning in something greater than themselves.

#19

And yet, at this moment — a moment that will define a generation — it is precisely this spirit that must inhabit us all. For as much as government can do, and must do, it is ultimately the faith and determination of the American people upon which this nation relies. It is the kindness to take in a stranger when the levees break, the selflessness of workers who would rather cut their hours than see a friend lose their job which sees us through our darkest hours. It is the firefighter's courage to storm a stairway filled with smoke, but also a parent's willingness to nurture a child that finally decides our fate.

#20

Our challenges may be new. The instruments with which we meet them may be new. But those values upon which our success depends — honesty and hard work, courage and fair play, tolerance and curiosity, loyalty and patriotism — these things are old. These things are true. They have been the quiet force of progress throughout our history.

What is demanded, then, is a return to these truths. What is required of us now is a new era of responsibility — a recognition on the part of every American that we have duties to ourselves, our nation, and the world, duties that we do not grudgingly accept but rather seize gladly, firm in the knowledge that there is nothing so satisfying to the spirit, so defining of our character, than giving our all to a difficult task.

#18

우리 앞에 펼쳐진 임무를 곰곰이 생각하면서, 우리는 바로 이 순간에도 겸허히 감사를 표하며 머나먼 사막과 산악지대에서 순찰 중인 용감한 미국인들을 기억합니다. 알링턴에 잠들어 있는 영웅들이 시대를 아우르며 우리들에게 끊임없이 속삭여주듯, 저들도 우리에게 할 말이 있을 것입니다.

우리는 그들이 자유의 수호자이기 때문만이 아니라, 자신들보다 더 위대한 무언가에서 의미를 찾으려는 의지, 즉 봉사 정신을 몸소 보여주기에 그들에게 경의를 표합니다.

#19

그리고 한 세대를 규정 지을 바로 이 순간, 우리 모두에게 깃들어야 할 정신이야 말로 정확히 이 봉사정신입니다. 정부는 많은 일을 할 수 있고 또 해야만 하지만, 우리나라가 의존하는 것은 궁극적으로 미국인들의 신념과 결단이기 때문입니다. 제방이 무너졌을 때 낯선 이를 집에 들이는 친절함이나 동료가 실직하는 걸 보느니 자신의 근로시간을 단축하는 근로자들의 사심 없는 마음이 우리로 하여금 가장 어두운 시간을 극복할 수 있게 하는 것들입니다. 결국 우리의 운명을 결정하는 것은 연기로 가득 찬 계단에 뛰어드는 소방대원의 용기뿐 아니라 아이를 양육하려는 부모의 의지이기도 합니다.

#20

우리 앞에 놓인 도전들은 새로운 것일 수도 있습니다. 이에 대처하는 수단도 새로운 것일 수 있습니다. 하지만 우리의 성공이 달려 있는 정직과 근면, 용기와 페어플레이 정신, 관용과 호기심, 충성심과 애국심 등의 가치 기준은 오래된 것입니다. 이러한 가치 기준은 진리이고 역사를 통해 진보의 조용한 힘이 되어 왔습니다.

그렇다면, 요구되는 것은 바로 이런 진리로 되돌아가는 것입니다. 지금 우리에게 필요한 것은 새 시대의 책임감, 즉 모든 미국인들이 자기의 자리에서, 자신과 국가와 전 세계에 의무를 지니고 있다는 것을 인식하는 것입니다. 여기서 의무란 마지못해 받아들이는 의무가 아니라, 어려운 책무에 우리의 모든 것을 내맡기는 것만큼 우리의 정신을 만족시키고 우리의 기질을 정의해 주는 건 없다는 것을 확실히 알기에 오히려 기꺼이 받아들이는 의무를 말합니다.

#21

This is the price and the promise of citizenship. This is the source of our confidence — the knowledge that God calls on us to shape an uncertain destiny. This is the meaning of our liberty and our creed, why men and women and children of every race and every faith can join in celebration across this magnificent mall, and why a man whose father less than sixty years ago might not have been served at a local restaurant can now stand before you to take a most sacred oath. (Applause)

#22

So let us mark this day with remembrance, of who we are and how far we have traveled. In the year of America's birth, in the coldest of months, a small band of patriots huddled by dying campfires on the shores of an icy river. The capital was abandoned. The enemy was advancing. The snow was stained with blood. At a moment when the outcome of our revolution was most in doubt, the father of our nation ordered these words be read to the people:

#23

"Let it be told to the future world ... that in the depth of winter, when nothing but hope and virtue could survive ... that the city and the country, alarmed at one common danger, came forth to meet it."

America: In the face of our common dangers, in this winter of our hardship, let us remember these timeless words. With hope and virtue, let us brave once more the icy currents, and endure what storms may come. Let it be said by our children's children that when we were tested we refused to let this journey end, that we did not turn back nor did we falter; and with eyes fixed on the horizon and God's grace upon us, we carried forth that great gift of freedom and delivered it safely to future generations.

Thank you. God bless you. And God bless the United States of America. (Applause)

#21

이것이 바로 시민권에 대한 대가이자 약속입니다. 이것이 우리 자신감의 원천입니다. 신께서 우리에게 불확실한 운명을 구체화하라고 요구했음을 아는 것 말입니다. 이것이 바로 우리의 자유와 신조의 의미이자, 인종과 신념에 상관없이 남녀노소가 이 거대한 몰에서 축하 행사에 참석할 수 있는 근거이며, 60년도 안 되는 과거에는 동네 식당조차 출입할 수 없었던 사람을 아버지로 둔 제가 여러분들 앞에 서서 참으로 신성한 선서를 할 수 있게 된 이유입니다.

#22

우리는 누구이며 그간의 여정이 얼마나 길었는지를 기억하면서 오늘을 새겨 둡시다. 미국이 건국되던 해, 혹한의 겨울철에도 자그마한 한 무리의 애국자들은 얼어붙은 강기슭의 꺼져 가는 모닥불 옆에 모여들었습니다. 수도는 버려졌고 적군은 전진하고 있었습니다. 눈은 피로 물들었습니다. 혁명의 결과에 대해 가장 의심하던 그 순간, 건국의 아버지는 국민들에게 다음과 같은 말을 읽게 하였습니다.

#23

"희망과 미덕 외에는 그 무엇도 살아남기 힘든 엄동설한 속에서도 공동의 위험에 놀란 도시와 농촌이 그에 맞서기 위해 나섰다는 사실을 후세에 들려줍시다."

미국이여, 공동의 위험에도 불구하고, 역경 속의 올 겨울, 이 불멸의 구절들을 기억하도록 합시다. 희망과 미덕을 가지고 혹한의 기류에 다시 한 번 용감히 맞섭시다. 그리고 어떤 폭풍우가 다가오더라도 참고 견딥시다. 우리 손자손녀들로 하여금, 우리가 시험에 들었을 때도 이 여정을 중단하지 않았고 결코 되돌아가거나 머뭇거리지도 않았다고 말할 수 있게 합시다. 그리고 신의 은총 속에 지평선을 응시하면서, 자유라는 위대한 선물을 보전하여 후세에 안전히 전달하였다고 말할 수 있게 합시다.

감사합니다. 여러분과 미국에 신의 가호가 있기를 기원합니다.

ⓘ 일러두기

Part2의 문법 해설 부분에는 문법 약어가 자주 등장합니다. 미리 이해하고 공부를 시작하세요!

Subject 주어
Verb 술어동사
Object 목적어
Complement 보어

〈 사용 예 〉

Part 2

단락별 연설문과 그에 따른 문법 해설

내용의 흐름에 따라 단락을 나눈 후, 문법적인 접근이 필요한 곳마다 해설을 덧붙였습니다. 어구 제시로 학습에 도움을 주었고, 단락이 끝날 때마다 문법 포인트를 정리해 놓아 학습 내용을 되새길 수 있게 하였습니다.

р
#01

¹ <u>My fellow citizens</u>: I stand here today ² <u>humbled by the task before us</u>, ³ <u>grateful for the trust you have bestowed</u>, ⁴ <u>mindful of the sacrifices borne by our ancestors.</u>

I ⁵ <u>thank President Bush for his service to our nation</u> — (Applause) — as well as ⁶ <u>the generosity and cooperation he has shown</u> throughout this transition.

친애하는 국민 여러분, 저는 오늘 우리 앞에 놓인 책무에 대해 겸허한 마음으로, 여러분들이 보내주신 신뢰에 감사하는 마음으로, 그리고 우리 선조들의 희생을 기리는 마음으로 이 자리에 섰습니다.
저는 부시 대통령이 정권 인수 과정에서 보여주신 배려와 협력뿐 아니라 국가를 위해 공헌해 주신 것에 감사를 드립니다.

WORDS & PHRASES

- fellow 동료, 친구
- humble 겸허하게 하다; 겸허한, 천한
- task (곤란한) 일
- be grateful (to A) for B
  B에 대해 (A에게) 감사하다
- bestow (명예 등을) 주다, 증여하다
- be mindful of A A를 기리다, 염려하다
- sacrifice 희생
- bear (비용·책임을) 지다, 부담하다, 운반하다, …에 견디다
- ancestor 조상, 선조
- service 공헌, 봉사
- nation 국가
- generosity 배려, 관용, 아량
- cooperation 협력, 협조

1 My fellow citizens

대통령 취임연설에서 가장 긴장되는 연설의 첫머리 부분입니다. fellow는 '동료, 친구'란 뜻으로, My fellow citizens는 '친애하는 국민 여러분' 정도로 보면 되겠습니다. My fellow만 보아도 오바마 대통령이 국민에게 솔직하고 친근하게 다가가려는 자세가 느껴지는군요. 하지만 이어질 연설 내용은 솔직함과는 거리가 멀 것이기 때문에 시작하는 말 정도라도 솔직하게 해두려는 의도인지도 모르겠습니다.

참고로 대표적인 미국 역대 대통령들은 어떤 말로 연설을 시작했는지 살펴볼까요?

"Fellow citizens of the Senate and of the House of Representatives"
상원, 하원의원 동지 여러분
조지 워싱턴 초대 대통령(George Washington, 1789~1797)

"Fellow citizens of the United States"
미국 국민 여러분
에이브러햄 링컨 16대 대통령(Abraham Lincoln, 1861~1865)

"Vice-President Johnson, Mr. Speaker, Mr. Chief Justice, President Eisenhower, Vice-President Nixon, President Truman, reverend clergy, fellow citizens, we observe today not a victory of party, but a celebration of freedom – symbolizing an end, as well as a beginning – signifying renewal, as well as change."
존슨 부통령과 대변인, 대법관, 아이젠하워 대통령, 닉슨 부통령, 트루먼 대통령, 성직자 및 국민 여러분, 오늘 우리는 한 정당의 승리를 지켜보고 있는 것이 아닙니다. 출발점인 동시에 목적지이기도 하며 또한 변화와 재생을 동시에 의미하는 자유의 경축을 지켜보고 있는 것입니다.
존 F 케네디 35대 대통령(John F. Kennedy, 1961~1963)

"Mr. Chief Justice, Mr. President, Vice-President Quayle, Senator Mitchell, Speaker Wright, Senator Dole, Congressman Michael, and fellow citizens, neighbors, and friends"

대법관, (레이건) 대통령, 퀘일 부통령, 미첼 상원의원, 라이트 대변인, 돌 상원의원, 마이클 하원의원, 국민 여러분, 이웃과 친구들

조지 H. W. 부시 41대 대통령(George Herbert Walker Bush, 1989~1993)

"My fellow citizens"

친애하는 국민 여러분

윌리엄 클린턴 42대 대통령(William Clinton, 1993~2001)

"President Clinton, distinguished guests and my fellow citizens"

클린턴 대통령, 귀빈 여러분, 그리고 친애하는 국민 여러분

조지 W. 부시 43대 대통령(George Walker Bush, 2001~2009)

역대 대통령 중 가장 긴 문장으로 취임연설을 시작한 케네디 대통령, 뜻밖에도 오바마 대통령과 같은 말로 인사를 건넨 클린턴 대통령이 눈에 띕니다.

2. humbled by the task before us

humbled는 과거분사로 여기에서는 동사 stand의 보어(C)로 쓰이고 있습니다. 여기에서 우선 알아두어야 할 것은 이렇게 현재분사나 과거분사가 형용사의 역할을 하기도 한다는 것입니다. 명사를 수식하기도 하고 보어가 되기도 하지요.(← 핵심문법 CLASS 1 참조) '분사 = 형용사'라고 생각하면 그 역할을 이해하기가 쉬워집니다.

동사의 어법에도 주의하세요. stand(서다), sit(앉다), lie(눕다) 등과 같이 '상태'를 나타내는 동사는 「상태동사+C」의 형태로 C에 형용사를 써서 'C의 상태로 서/앉아/누워 있다'라는 뜻을 나타냅니다.(← 핵심문법 CLASS 2 참조)

humble은 타동사로 '겸허하게 하다'라는 의미이기 때문에 과거분사인 humbled는 '겸허한'이 되고, I stand here today humbled by the task before us는 '나는 대통령이 되었지만 젠 체할 생각은 없습니다. 앞으로 해결해 나가야 할 과제를 앞두고 긴장되는 마음으로 이 자리에 서 있습니다'와 같은 의미가 됩니다. 곧 자신도 부담을 느끼는 보통 사람의 입장임을 강조하고 있습니다. '서민파'임을 어필하는 전략이라고 볼 수도 있겠군요.

영문 전체를 다시 봐주십시오. 콤마(,)와 함께 grateful이라는 형용사가 뒤따라 나오고 그 뒤에 또 한 번의 콤마와 mindful이 나오고 있습니다. 여기에서는 콤마로 병렬되어 있는 이 세 개의 형용사가 모두 stand의 보어라고 생각하면 됩니다. 이렇게 병렬 관계에 있는 것들은 문법적으로 대등한 역할을 한다는 사실을 기억하세요.

영문을 크게 보고 전체의 구조를 파악하는 것은 매우 효과적인 독해 훈련 방법입니다. 앞으로 오바마 대통령의 연설을 읽어 나가면서 의식적으로 미시적인 시야와 거시적인 시야를 함께 가지고 영문을 보도록 합시다.

그럼 다음을 보며 문장의 구조를 다시 한 번 파악해 봅시다.

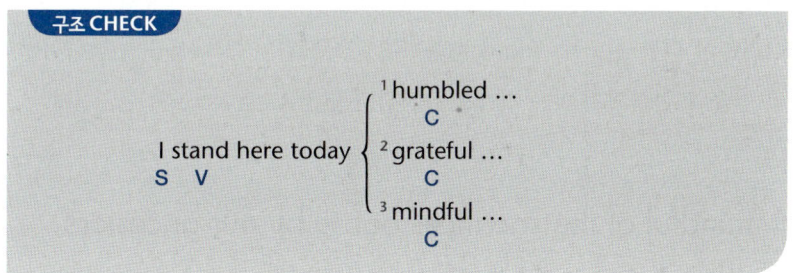

³ grateful for the trust you have bestowed

형용사 grateful은 be grateful to A for B(B에 대해 A에게 감사하다)의 형태로 기억해 둡시다. 감사하는 내용은 for 뒤에 옵니다. 감사하는 상대(to A)는 경우에 따라 생략되어도 괜찮아요. 여기서 grateful은 앞에서 설명했듯 stand의 보어입니다.

the trust you have bestowed를 보죠. the trust 뒤에는 목적격 관계대명사 which가 생략되어 있습니다. 이렇게 관계대명사가 생략되어 「명사+S(주어)+V(동사)」의 형태로 이루어진 절은 독해상 매우 중요합니다. 원래 형태인 the trust which you have bestowed의 which 이하가 앞에 있는 명사 truth를 수식하는 형용사절이기 때문에, '여러분들이 주신 신뢰'라고 해석됩니다. 이 문장은 원래 you have bestowed the trust(여러분은 신뢰를 주었다)라는 문장을 기본으로 한 것입니다. 절의 뒤로 옮겨간 the trust를 유심히 봐주세요. 바꾸어 말하면 the trust 다음의 which는 선행사인 trust를 가리키는 대명사 역할을 함과 동시에 뒤에 있는 타동사 bestowed의 목적어 역할도 하고 있는 것이죠. 그래서 '목적격 관계대명사'라고 하는 것입니다.

결국 grateful for the trust you have bestowed로 '내가 대통령이 된 것도 여러분이 나를 신뢰해 주었기 때문이니 감사드린다'는 내용을 전달하려 하고 있습니다. 끝까지 낮은 자세를 유지하고 있군요.

⁴ mindful of the sacrifices borne by our ancestors

the sacrifices borne by ...에서 borne은 동사 bear의 과거분사입니다. 과거분사에는 다양한 용법이 있지만 여기에서는 앞의 humbled와 마찬가지로, 형용사의 역할을 하여 뒤에서 앞에 있는 명사 sacrifices를 수식하고 있군요.(← **핵심문법** CLASS 1 참조) bear에는 여러 가지 뜻이 있는데(꼭 사전을 찾아 연구해 보세요), 여기에서는 '책임을 지다'라는 뜻으로 쓰이고 있기 때문에 the sacrifices borne by our ancestors를 직역하면 '선조들에 의해 치러진 희생'이 됩니다. mindful of까지 붙이면 결국 지지해 준 분들에게 감사할 뿐 아니라 '지금까지 미국을 지탱해 준 선조들의 희생까지 기린다'고 말하고 있는 것입니다.

5 thank President Bush for his service to our nation

thank A for B의 형태로 'B에 대해 A에게 감사하다'라는 뜻을 나타낼 수 있어요. 이처럼 '감사'나 '비난'을 나타내는 동사는 「V A for B」와 같은 형태를 취하기 쉽다는 것을 꼭 기억해 둡시다. 동사와 떨어져 있으나 꼭 함께 쓰이는 전치사는 TOEIC 등의 어학시험에도 자주 출제되고 있습니다. 또한 비슷한 의미를 갖는 동사는 같은 전치사를 취하는 경향이 있으므로 함께 묶어 정리하여 외우는 것이 좋습니다.(← **핵심문법** CLASS 3 참조)

6 the generosity and cooperation he has shown

이 부분도 앞서 말한 것과 마찬가지로 the generosity and cooperation이라는 병렬된 명사 뒤에 he has shown …이라는 **SV** 구조가 이어지고 있군요. the generosity and cooperation이라는 명사구는 타동사 show의 목적어 역할을 하고 있으니 원래 기본이 되었던 문장은 he has shown the generosity and cooperation이었겠지요. 「명사+**S**+**V**」의 구조를 만나면, 관계대명사가 생략되었을 가능성이 있다는 것을 꼭 기억하세요.

이 단락에서는 대통령 취임연설에 으레 있기 마련인 '전 대통령에 대한 찬사'를 다루고 있는데, 이 시점에서 관중에게 박수갈채를 받는 것이 역시 민주주의 국가 미국답군요. '잘했다, 부시! 안 좋은 일도 참 많았지만 이미 다 지나간 일이니 이제 다 잊어버리자!'라는 뜻의 박수일까요? 듣고 있던 부시 전 대통령이 뭉클했을 것 같네요.

영문법! 오바마에게 배워라

1. 과거분사는 형용사의 역할을 하므로 보어가 될 수 있다.
2. 「명사 + S + V」 구조를 만나면 명사 뒤 관계대명사의 생략을 떠올려라.
3. '감사·비난'을 표현하는 「V + A + 전치사 + B」의 패턴을 기억하라!

02

Forty-four Americans have now taken the presidential oath. The words [1] have been spoken [2] during rising tides of prosperity and the still waters of peace. [3] Yet, every so often, the oath is taken amidst gathering clouds and raging storms. At these moments, America has carried on [4] not simply because of [5] the skill or vision of those in high office, [6] but because we the People have remained faithful to the ideals of our forebears, and true to our founding documents.
[7] So it has been; so it must be with this generation of Americans.

이제 마흔네 명의 미국인이 대통령 취임선서를 하게 되었습니다. 높아져 가는 번영의 조류 속에서 선서가 이루어지기도 했고, 잔잔한 평화의 해역에서 선서가 행해지기도 했습니다. 하지만 때로는 구름이 잔뜩 끼고 성난 폭풍우가 몰아치는 가운데 행해지기도 합니다. 이러한 순간에도 미국은, 단순히 고위 관리들의 솜씨나 통찰력 덕분이라기보다는 우리 국민들 모두가 선조들의 이상과 건국 문서들에 충실했기 때문에 계속 나아갈 수 있었습니다.
지금껏 그래왔듯이 현 세대의 우리들도 그래야만 합니다.

WORDS & PHRASES

- **presidential** 대통령의
- **oath** 선서, 맹세
- **tide** 조류, 밀물, 상승세
- **prosperity** 번영
- **every so often** 때때로
- **amidst A** A 속에서, A가 한창일 때
- **gather** 모이다
- **rage** 거칠어지다, 맹위를 떨치다
- **carry on** ~을 계속하다, 지속하다
- **skill** 기술
- **vision** 통찰력, 시각
- **remain + 형용사/분사** …의 상태이다
- **be faithful[true] to A** A에 충실하다
- **ideal** 이상
- **forebear** 조상, 선조
- **found** 설립하다 find의 과거형 및 과거분사형과 철자가 같음에 주의
- **document** 문서

1 have been spoken

「have + 과거분사」의 형태인 현재완료와 「be동사 + 과거분사」의 형태인 수동태가 만났군요. 즉, 「have been + 과거분사」의 형태는 현재완료 수동태가 됩니다. 그런데 수동태에는 몇 가지 헷갈리기 쉬운 형태가 있으니 이번 기회에 정리해 둡시다.(← **핵심문법** CLASS 4 참조)

2 during rising tides ~ and the still waters of peace

먼저 이 부분에서는 and에 주목해 주세요. and는 두 개의 어구를 병렬하는데, 여기에서는 rising tides of prosperity와 the still waters of peace를 병렬하고 있으며 모두 전치사 during의 목적어입니다. 이렇게 and나 or 등의 병렬하는 단어가 나오면 반드시 무엇과 무엇을 병렬하고 있는지, 또 그 사이에 공통으로 연결된 부분이 있는지를 체크해 보는 것이 영어 실력을 높이는 습관입니다. 여기에서는 다음과 같은 구조라는 것을 빨리 눈치 챘길 바랍니다.

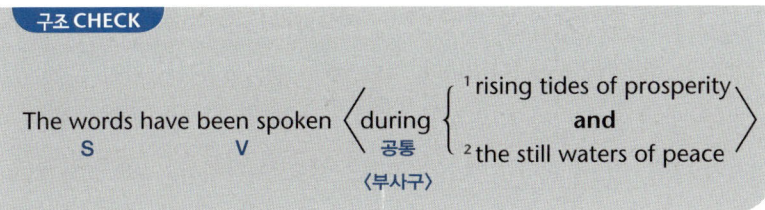

rising은 현재분사로서, 형용사의 역할을 하며 뒤의 명사 tides를 수식하고 있습니다.(← **핵심문법** CLASS 1 참조) 즉, rising tides of prosperity는 '높아져 가는 번영의 조류'가 되지요. 또한 뒤에 있는 still에는 다양한 의미와 용법이 있는데 여기에서는 '잔잔한'이라는 의미의 형용사로 쓰이고 있네요.

한 가지 더, water 뒤에 복수형의 -s가 붙어 있음에 주의하세요. 관사가 없는 water는 '물'이라는 의미의 불가산명사이지만, waters로 복수가 되면 구체적으로 '수역, 해역' 등의 뜻이 됩니다. 이렇게 불가산명사가 복수형이 되어 보다 구체적인 뜻이 되는 경우도 있다는 것에 주의하세요.

여기에서는 앞의 rising tides of prosperity와 and로 병렬되어, rising tides와 still waters라는 번영(prosperity)과 평화(peace)의 이미지를 선명하게 나타내는 비유 표현이 세트로 나오고 있습니다. 연설문에서 비유적인 표현을 사용하면 청중에게 명확한 이미지를 심어줄 수 있을 뿐 아니라 문장의 격조가 높아지기 때문에 훨씬 효과적인 연설이 됩니다.

³ Yet, every so often, ~ clouds and raging storms

후반의 gathering clouds and raging storms(모여드는 구름과 거센 폭풍)는 **2**에서 설명한 rising tides of prosperity and the still waters of peace에 대응하는 것으로 매우 훌륭한 표현입니다.

또 여기에서는 첫머리의 yet에 주목해 주세요. yet은 접속사로 but과 같이 '그러나'라는 역접의 뜻을 나타냅니다. 이런 역접 뒤에는 필자나 화자가 진정 하고 싶은 말이 온다는 것을 염두에 두세요. 또 역접을 사이에 두고 앞뒤의 이미지가 바뀌는 일이 많다는 것도 기억해 두세요. 여기에서도 yet 앞의 rising tides of prosperity and the still waters of peace라는 긍정적인 이미지가 gathering clouds and raging storms라는 부정적인 이미지로 바뀌고 있군요.

즉, 오바마 대통령이 진정으로 말하고 싶었던 것은 '지금까지 마흔네 명이나 되는 미국인이 대통령 취임선서를 한 가운데, 어려운 상황에서 취임한 사람도 꽤 있었습니다'라는 yet 뒤의 내용입니다. 취임식 당시 미국은 매우 어려운 상황이었으므로, '하필 이런 안 좋은 시기에 대통령이 되다니…' 하는 다소 원망조로 들릴 수도 있는 표현입니다.

4 not simply because

not simply A but B는 'A뿐 아니라 B도'라는 뜻입니다. simply 대신 merely나 just로 바꾸어 쓸 수도 있고 우리에게 가장 익숙한 only로 바꾸어 쓸 수도 있습니다. 이런 경우에는 A와 B에 문법상 대등한 것이 들어가는 것이 원칙이지만 여기서는 A, B 부분에 부사구와 부사절이 들어가 있습니다. 이런 다소 복잡한 상관 표현이 많이 나오는 것도 이번 오바마 대통령 취임연설의 특징입니다. 앞으로 상관 표현을 의식하고 읽기 바랍니다.

상관 표현은 필자나 화자가 어느 부분을 강조하고 싶은지 알 수 있는 단서가 되기도 합니다. 예를 들면, not simply A but B에서는 A보다도 B에 역점을 둡니다. 다시 말해 오바마 대통령이 말하고 싶었던 것은 다음의 5에 나오는 고위 관리들이 아니라 6에 나오는 we the People, 즉 '우리 국민 덕분에 미국은 역경을 극복해 왔다'는 점입니다.

5 the skill or vision of those in high office

「the + 명사 + or + 명사 + 형용사구」의 형태입니다. skill or vision 앞에 the가 하나뿐인 것으로 보아 of those in high office라는 형용사구는 vision뿐 아니라 앞의 skill까지 한데 묶어 수식한다고 보아야 합니다. 또, 여기서의 those는 '일반적인 사람들'을 나타냅니다. 지시대명사로서 '그것들, 그 사람들' 외에 일반적인 사람들을 가리킬 때도 쓴다는 것을 꼭 기억해 두세요.

6 but because we the People ~ founding documents

we the People이란 1788년에 발효한 미합중국 헌법(the Constitution of the United States) 서문의 첫머리를 인용한 것입니다. 이 무렵 오바마 대통령의 연설을 작성하였던 담당자의 재치를 엿볼 수 있음과 동시에 듣는 사람에게도 어느 정도 교양이 필요하다는 것을 알 수 있습니다.

참고로, 아래에 미합중국 헌법 서문의 일부를 소개합니다. 당시 미국 건국을 짊어진 사람들의 의지가 느껴지는 힘찬 명문장입니다.

미합중국 헌법 서문

We the People of the United States, in order to form a more perfect Union, establish Justice, insure domestic Tranquility, provide for the common defense, promote the general Welfare, and secure the Blessings of Liberty to ourselves and our Posterity, do ordain and establish this Constitution for the United States of America.

우리 미합중국의 국민은 보다 완벽한 연합을 형성하고 정의를 확립하며,
국내의 안정을 지키고 공동방위를 도모함과 동시에,
국민 복지를 증진하고 우리 자신과 후손들에게 자유의 축복을 보장하기 위하여
미합중국 헌법을 제정한다.

remain은 뒤에 형용사를 보어로 취할 수 있는 동사입니다. 「remain +C」의 형태로 'C인 채로 있다'라는 '상태의 계속·유지'를 나타냅니다. 보어를 취하는 동사는 한정되어 있으니 반드시 확인하여 암기해 둡시다.(← 핵심문법 CLASS 2 참조) 여기에서는 faithful과 true가 둘 다 and로 병렬되어 remain의 보어 역할을 하고 있다는 것도 놓쳐서는 안 됩니다. 이렇게 and나 or로 병렬된 두 개의 요소는 보통 같은 품사이며 같은 역할을 하고 있다는 것을 꼭 기억하세요.

또 faithful to A와 true to A는 거의 비슷한 의미입니다. 영어에서는 반복 표현을 꺼리는 경향이 있기 때문에, 이렇게 같은 내용을 다르게 표현함으로써 보다 세련된 문장을 만들곤 하지요. 이러한 점을 알아두면 영어를 더욱 빠르고 정확하게 읽을 수 있게 됩니다.

다음을 보며 **4~6**의 복잡한 구조를 확실히 파악해 봅시다.

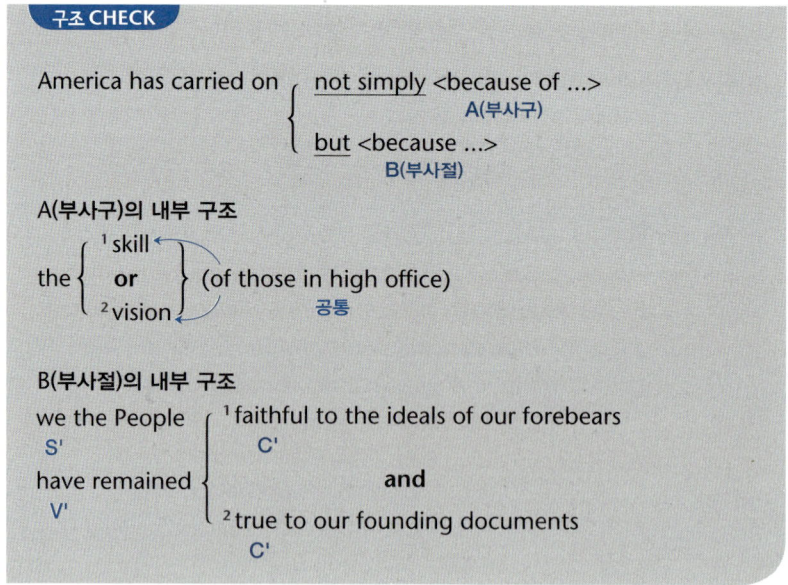

7. So it has been; so it must be ~ of Americans.

So it has been의 본래의 어순은 It has been so입니다. 현재완료를 사용하고 있으므로 앞 문장에 나타난 상황, 즉 '우리 국민들 모두가 선조들의 이상과 건국 문서들에 충실했다'는 내용을 받아 그것이 오늘날까지 지속되고 있다는 뜻임을 알아둡시다. 뒤의 so it must be with this generation of Americans도 원래의 어순은 it must be so with this generation of Americans가 되며, '현 세대의 우리들(미국인들)도 그래야만 한다.'라는 뜻이 됩니다.

영문법! 오바마에게 배워라

4 「have been + 과거분사」는 현재완료 수동태

5 still은 부사뿐 아니라 '잔잔한, 고요한'이라는 형용사의 의미도 지닌다.

6 not simply A but B(A뿐 아니라 B도)의 상관 표현에 주의하라.

7 those는 본문 중의 복수명사를 대신할 뿐 아니라 '일반적인 사람들'을 가리키기도 한다.

8 같은 표현을 반복하지 않기 위해 같은 내용을 바꾸어 표현하는 것에 주의하라.

#03

[1] That we are in the midst of crisis is now well understood. Our nation is at war, against a far-reaching network of violence and hatred. Our economy is badly weakened, [2] a consequence of greed and irresponsibility on the part of some, but also our collective failure to make hard choices and prepare the nation for a new age. Homes have been lost; [3] jobs shed; businesses shuttered. Our health care is too costly; our schools fail too many; and each day brings further evidence [4] that the ways we use energy strengthen our adversaries and threaten our planet.

알다시피 우리는 현재 위기에 처해 있습니다. 우리나라는 그물처럼 광범위하게 뻗은 폭력 및 증오와 전쟁 중입니다. 우리의 경제는 매우 약해졌습니다. 이는 일부의 탐욕과 무책임함 때문이기도 하지만, 우리 모두가 어려운 결정을 내려 국가가 새로운 시대를 준비하도록 하는 데 실패했기 때문이기도 합니다. 집을 잃고, 직장에서 해고당하고, 기업들은 문을 닫았습니다. 의료비는 너무나 비싸고, 학교 교육은 너무 많이 실패하고 있습니다. 우리가 힘을 사용하는 방식이 우리의 적을 강화시키는 동시에 전 세계를 위협하고 있다는 증거들이 매일같이 보다 확실히 드러나고 있습니다.

WORDS & PHRASES

- in the midst of A A의 한가운데에
- crisis 위기
- nation 국가
- far-reaching 광범위한
- hatred 혐오
- weaken 약하게 하다
  weak(약한) + 동사를 만드는 접미사 en
- consequence 결과
- greed 탐욕
- irresponsibility 무책임
  부정의 접두사 ir + responsibility(책임)
- on the part of A A 측의
- collective 총체적인, 공동의; 집단, 전체
- failure 실패
- prepare A for B A에게 B의 준비를 시키다
- shed 해고하다
- shutter 휴업하다
- health care 의료, 건강 관리
- costly 값이 비싼 friendly, likely 등과 마찬가지로 -ly로 끝나지만 형용사임에 주의
- evidence 증거
- strengthen 강화하다
  strength(강함) + 동사를 만드는 접미사 en
- adversary 적
- threaten 위협하다
  threat(위협) + 동사를 만드는 접미사 en
- our planet 지구(= the earth)

1. That we are in the midst of crisis is

첫머리의 That은 뒤의 we are in the midst of crisis라는 문장을 명사절로 만들어주는 접속사입니다. 명사절은 문장 속에서 주로 주어, 목적어, 보어 역할을 하지요. 여기서는 명사절 뒤에 바로 be동사 is가 나오는 것으로 보아 주어 역할을 하고 있다는 것을 알 수 있군요. 아래의 구조를 확인해 봅시다.

구조 CHECK

[That we are <in the midst of crisis>] is now well understood.
　S　　　s'　v'　　　　　　　　　　　　V

또한 접속사 that을 사용한 주요 예문을 확인해 두기 바랍니다.(← **핵심문법** CLASS 5 참조)

2 a consequence of greed ~ for a new age

명사는 보통 문장 속에서 주어·보어·목적어 역할을 하지만 여기에서는 콤마 뒤의 명사 a consequence가 앞 문장의 내용을 설명하는 조금 특수한 경우입니다. 다시 말해 앞 문장의 Our economy is badly weakened를 받아, 그 원인이 무엇인가를 a consequence 이하의 내용에서 설명하고 있다고 생각하면 되겠습니다.

여기에서는 a consequence of 뒤에 but also를 사이에 두고 greed and irresponsibility on the part of some과 our collective failure to make hard choices and prepare the nation for a new age가 등장하고 있으며 on the part of some(일부의 사람)과 our collective(우리들 전체)의 의미적 대비를 보여주고 failure to 뒤에 make와 prepare가 and로 나열되어 있는 등, 공통 관계에 대한 중요한 부분이 많습니다. 다음의 표를 보며 확실히 해둡시다.

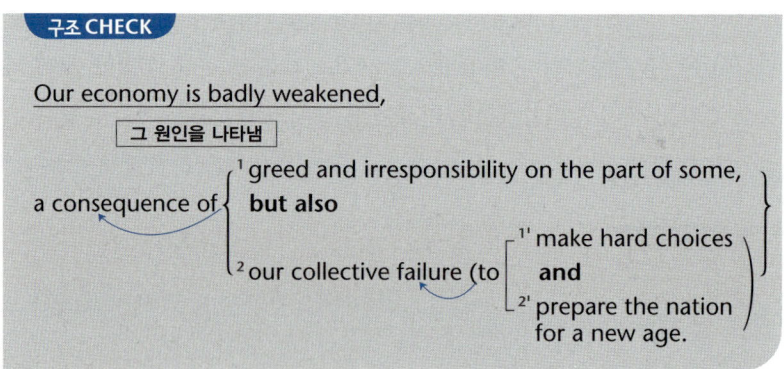

'현재 미국의 역경은 일부의 탐욕 때문만이 아니고 실은 모두에게 책임이 있다'고 오바마 대통령이 따끔하게 충고를 하고 있는 부분입니다. 분명 서브프라임론 문제에서 시작된 미국의 경제 위기의 책임은 대중에게도 있다고 할 수 있겠지요. 오바마 대통령이 앞으로 어떻게 경제를 회복시킬지 기대가 되는군요.

3 jobs shed; businesses shuttered

jobs shed에 주의하세요. 여기서 shed는 과거형이 아닙니다. 바로 앞의 Homes have been lost를 보면 답이 나오지요. jobs shed는 jobs have been shed에서 have been이 생략되어 있는 것입니다. 즉, shed는 과거분사형이고 이 문장은 현재완료 수동태 문장인 것입니다.(← **핵심문법** CLASS 4 참조) 영문에서는 이렇게 나열된 경우(여기에서는 콤마를 사용해서 영문을 나열하고 있음), 반복 부분이 생략되는 일이 많습니다. 이렇게 영어에서는 생략할 수 있는 곳은 과감히 생략하기 때문에 평소 주의가 필요합니다. 그럼 여기서 문제 하나 낼게요. 바로 뒤에 있는 businesses shuttered는 어떨까요? 딩동댕! businesses have been shuttered에서 have been을 생략한 것입니다.

이렇게 이번 연설에는 곳곳에 생략된 부분이 있습니다. 생략을 통해 반복을 피함으로써 리듬감이 생기면 인상적인 표현이 될 뿐 아니라 보다 품격 있는 영문이 되기도 합니다. 여러분도 영어를 읽고 쓸 때 생략을 의식한다면 보다 영어다운 영어를 익힐 수 있을 것입니다.

4 that the ways we use energy ~ threaten our planet

여기에서 that은 접속사로서 명사절을 형성하고 있는데, 이 명사절은 앞의 명사 evidence의 내용을 구체적으로 설명하는 동격절을 이끌고 있습니다. 동격절을 이끄는 접속사 that은 관계대명사 that과 달리 내부구조가 완전한 문장이며, 말 그대로 앞의 명사와 내용상 같은 관계가 된다는 것에 주의하세요. 영어에서 that은 가장 쉽고도 어려운 단어 중 하나입니다.(← **핵심문법** CLASS 5 참조)

the ways we use energy는 「명사+S+V」로 되어 있으며 관계대명사가 생략된 관계대명사절입니다. 단, 생략된 관계대명사가 which는 아니에요. 왜냐하면 the ways의 뒤에 있는 we use energy가 「S+V+O」의 구조이기 때문입니다. 무슨 의미인고 하니, 목적격 관계대명사 which가 생략되었다고 가정하고 the ways which we use energy라는 형태를 만들어보면, 이미 energy라는 목적어가 있기 때문에 which가 뒤에 있는 동사 use의 목적어 역할을 할 수 없다는 것이지요. 따라서 여기에서는 관계대명사가 아닌 관계부사 that이 생략되어 있다고 생각해야 합니다. 또한 the ways는 뒤에 and로 나열된 두 개의 동사 strengthen과 threaten의 공통 주어 역할을 하고 있음을 파악해 두세요.

이 부분은 상당히 도발적인 발언입니다. 여기서 말하는 에너지란 물론 석유인데, '석유를 많이 사용하는 것이 적(adversaries)에게 힘을 제공한다'고 한 것은 산유국(이슬람 사회)을 완전히 적국으로 명시하고 있는 셈이니 말입니다.

영문법! 오바마에게 배워라

9 접속사 that은 주로 명사절을 이끌며 문장에서 주어, 목적어, 보어 역할을 한다.

10 접속사 that에는 동격절을 이끄는 용법이 있어 앞의 명사를 동격 관계로 설명해 준다.

11 반복 회피를 위한 생략에 주의하고 생략을 발견했으면 본래 형태로 이해하는 습관을 기르자!

12 and나 or로 연결되어 있는 표현들이 같은 표현들로 이루어진 경우에는 종종 생략을 사용한다.

13 관계부사 that이 생략된 「the way + S + V」(…의 방법)에 주의하라!

#04

¹ These are the indicators of crisis, subject to data and statistics. ² Less measurable but no less profound is a sapping of confidence across our land; ³ a nagging fear that America's decline is inevitable, and that the next generation must lower its sights.

Today I say to you that ⁴ the challenges we face are real. They are serious and they are many. They will not be met easily or in a short span of time. ⁵ But know this, America: they will be met. (Applause)

자료와 통계에 따르면, 이러한 일들이 바로 위기의 지표입니다. 미국의 쇠락을 피할 수는 없으며 다음 세대는 목표를 낮추어야 할 것이라는 괴로운 공포와 같이, 미국 전역을 사로잡고 있는 자신감 약화는 측정하긴 힘들지만 매우 심각합니다.
오늘 우리가 직면한 도전은 실제상황이라는 것을 말씀드립니다. 심각할 뿐 아니라 산재해 있습니다. 쉽게 해결되지도, 짧은 기간에 해결되지도 않을 것이지만 이것만은 알아두십시오. 미국은 결국 해낼 것입니다.

WORDS & PHRASES

- indicator 지표
- be subject to A A에 지배 받다, A에 따르다, A를 전제로 하다
- statistics 통계, 통계학 학문에는 physics(물리학), mathematics(수학) 등 -s가 붙는 것이 많음
- measurable 측정 가능한
  measure(측정) + able(할 수 있는)
- profound 깊은, 깊숙한
- sapping 서서히 약해지게 하는 것
- confidence 자신감
- nagging (공포가) 떠나지 않는
- decline 쇠퇴
- inevitable 필연의, 부득이한
  부정의 접두사 in + evitable(피할 수 있는)
- lower one's sight 목표를 낮추다
- challenge 시련, 도전
- face …에 직면하다
- serious 심각한
- span 기간
- meet 만족시키다, 채우다

영문법! 오바마에게 배워라

1. These are the indicators ~ to data and statistics

These는 앞 문장에서 말한 현재 미국의 여러 가지 문제점을 가리키고 있습니다. subject는 형용사로 be subject to A와 같이 씁니다. 이때 의미는 'A에게 지배당하고 있다, A를 따르고 있다, A를 전제하고 있다' 등이 되고요. subject는 이 외에도 중요한 의미와 쓰임새가 많은 단어이니 사전을 찾아 분명히 익혀두어야 합니다. 이 문장에서 subject는 콤마 뒤에 being이 생략된 분사구문이라고 생각하면 됩니다.(← **핵심문법** CLASS 6 참조)

2. Less measurable but ~ of confidence across our land

「less + 형용사/부사 + than A」에서의 less는 열등 비교로 'A만큼 …하지는 않은/않게, A보다 덜 …한/하게'라는 뜻인데, 여기에서는 than 이하가 생략되어 있군요. 생략된 부분을 보충하면 less measurable than these로, '이런 것만큼 숫자로 측정하기가 쉽지는 않다'라는 뜻을 나타냅니다.

또, but 뒤에 있는 「no less + 형용사/부사」에 주의하세요. 「no less + 형용사/부사 + than A」로 'A와 같이 …한/하게'라는 뜻입니다. 여기에서도 than these의 생략을 알아채고 no less profound than these(이런 것과 마찬가지로 중요한)라고 생각하세요. 이렇게 비교와 부정이 합쳐지면 어렵다는 생각에 헷갈리는 경우가 있으니 이번 기회에 한꺼번에 정리하여 기억해 둡시다.(← **핵심문법** CLASS 7참조)

첫머리에 있는 measurable이나 profound의 품사를 눈치 챘나요? 맞습니다, 형용사이지요. 형용사는 명사를 수식하거나 보어가 될 수는 있지만 주어 역할은 하지 못해요. 여기에서는 profound 바로 다음에 술어 동사 is가 있어서 형용사가 꼭 주어처럼 보이고 있는데, 이렇게 「형용사 + be동사 + 명사」 순으로 되어 있는 경우, 원래 「명사(**S**) + be동사(**V**) + 형용사(**C**)」의 형태에서

CVS의 형태로 어순을 바꾼 것이라고 생각하면 됩니다.(←핵심문법 CLASS 9 참조) 이 문장도 원래는 A sapping of confidence across our land is less measurable but no less profound라는 SVC 구조였지만, 생략된 than these를 채워보면 알 수 있듯이, 앞 문장 속 these와의 비교를 명확하게 하려는 의도가 보입니다. 이와 함께 뒤에 있는 세미콜론(;) 이하에 주어를 바꾸어 말한 것이 있는데 그것을 균형 있게 배치하기 위해 도치법이 사용되고 있다고 생각할 수 있겠군요. 다음을 보며 전체 구조를 확인해 둡시다.

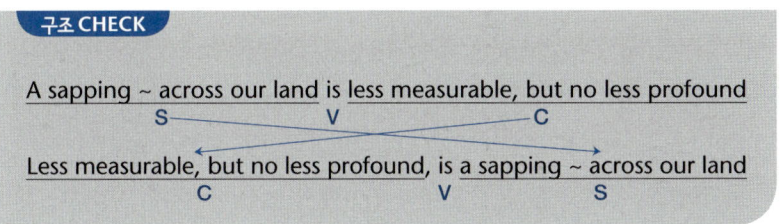

3 a nagging fear ~ must lower its sights

이곳의 that도 앞에서 해설한 것과 같은 접속사 that으로, 앞의 명사 fear의 구체적인 내용을 설명하는 동격절을 이끌고 있습니다. 콤마 뒤의 that도 같은 동격절을 이끄는 접속사로, 동격절도 콤마로 연결될 수 있음을 알아두세요.(←핵심문법 CLASS 5 참조)

4 the challenges we face are real

the challenges we face are 역시 「명사+S+V」의 패턴입니다. 여기서도 challenges 다음에 목적격 관계대명사 which가 생략되어 있다고 보면 되겠지요. real까지 붙여 해석해 보면 '우리들이 직면하고 있는 과제는 실제상황이다'라는 뜻이 됩니다.

5 But know this, America

know this, America는 명령문의 형태를 취하고 있지만 명령이라기보다는 America, 즉 미국에 호소하는 말입니다. 여기에서 대명사 this는 콜론 뒤에 있는 they will be met을 가리키고 있는 것이지요. 콜론 뒤에 있는 대명사는 앞에 나온 내용을 가리키는 경우가 많은데, this 뒤에 콜론이나 하이픈이 있는 이번과 같은 경우에는 더 그렇습니다. they will be met의 they가 바로 앞 문장의 they와 마찬가지로 challenges를 가리키는 것이지요.

오바마 대통령은 바로 이 앞 문장까지, 지금의 미국에 대해 수많은 심각한 과제가 있으며 단기간에 쉽게 해결할 수 있는 것이 아니라고 단호히 말했지만, 역접의 but을 사용하여 미국에게 말합니다. '다양한 난관을 해결해 보이겠다'고 말이죠. 이 부분은 실로 오바마 연설에서 가장 하이라이트입니다. but에 이어 this를 사용면서 분위기를 몰아간 후, 조국인 미국에 대한 결의 표명으로 한 말이니까요. "They will be met."은 그 유명한 선거구호 "We can change!"에 필적하는 이 연설 최고의 명언이었다고나 할까요?

영문법! 오바마에게 배워라

13 다의어 subject의 의미를 확실히 알자!

14 「less + 형용사 / 부사 + than A」는 「not as + 형용사 / 부사 + as A」(A만큼 …하지는 않은 / 않게)와 같은 의미

15 「형용사 + be동사 + 명사」의 도치 구조에 주의하라!

16 「no less + 형용사 / 부사 + than A」는 'A와 같이 …한 / 하게'의 뜻

17 비교의 대상을 나타내는 than A는 비교대상이 명확한 경우 생략될 수 있다.

05

On this day, we gather because we have chosen hope over fear, unity of purpose over conflict and discord. On this day, we come to proclaim an end to [1] the petty grievances and false promises, the recriminations and worn-out dogmas that for far too long have strangled our politics.

We remain a young nation, but [2] in the words of Scripture, [3] the time has come to set aside childish things. [4] The time has come to reaffirm our enduring spirit; to choose our better history; to carry forward that precious gift, that noble idea, passed on from generation to generation: the God-given promise that all are equal, all are free, and all deserve a chance to pursue their full measure of happiness. (Applause)

오늘 우리는 두려움을 넘어 희망을, 갈등과 불화를 넘어 일치된 목적을 선택했기에 이 자리에 모였습니다. 오늘 우리는 우리의 정치를 오랫동안 옥죄어 왔던 사소한 불만들과 거짓 공약들, 상호비방과 낡은 독단론들의 종식을 선언하기 위해 이 자리에 왔습니다.
미국은 여전히 젊은 국가이지만 이제는 성서의 말씀대로 유치함을 버릴 때가 왔습니다. 우리의 불후의 정신을 다시 확인하고, 더 나은 역사를 선택하며, 세대를 거쳐 전해진 값진 선물인 숭고한 사상을 지니고 전진할 때가 왔습니다. 만인은 평등하고 자유로우며, 최대 행복 추구의 기회를 누릴 자격이 있다는 신이 주신 약속 말입니다.

WORDS & PHRASES

- **unity** 통일, 단결
- **purpose** 목적
- **conflict** 갈등, 대립
- **discord** 불일치
- **proclaim** 선언하다
- **petty** 사소한
- **Scripture** 성경
- **set aside A** A를 버리다, 곁에 두다
- **childish** 유치한 cf. childlike 아이다운
- **reaffirm** 재확인하다
  접두사 re(다시) + affirm(확인하다)
- **enduring** 불굴의, 참을성 있는
- **precious** 귀중한
- **noble** 숭고한, 고귀한
- **pass on A** A를 다음으로 넘기다
- **deserve** …의 자격이 있다
- **pursue** 추구하다
- **full measure of A** A의 최대한도

1. the petty grievances and false ~ strangled our politics

여기에서 that은 주격 관계대명사로, 뒤에 있는 동사 have strangled의 주어 역할을 함과 동시에 마지막 politics까지를 형용사절로 만들고 있습니다. 또 절 안에서는 for far too long이라는 부사구가 주어와 술어동사 사이에 들어가 있는 것에 주목해 주세요. 자, 그렇다면 이 관계대명사절의 선행사는 무엇일까요? the petty grievances and false promises, the recriminations and worn-out dogmas가 정답입니다. 선행사를 worn-out dogmas만으로 보고 해석하는 일이 없도록 주의하세요. 이렇게 관계대명사 앞에 선행사가 될 가능성이 있는 명사가 여러 개 나열되어 있는 경우 더욱 찬찬히 살펴야 합니다.

여기서 오바마 대통령은 대통령이 된 오늘, '미국의 낡고 나쁜 것들로부터 벗어날 것'을 소리 높여 선언하고 있는 것이지요. 선조들과 전 대통령들에게 감사의 뜻을 표하면서도 실제로는 자신은 앞으로 그런 어리석은 일은 하지 않겠다고 말하고 있으니 아마도 옆에서 듣고 있던 부시 전 대통령은 귀가 간지러웠겠군요.

2_ in the words of Scripture

'성경 말씀에는'이라는 뜻으로 앞으로 나올 이야기는 성경(the Bible)에서 인용했다는 것을 알 수 있습니다. Scripture 외에도 the Scripture, Holy Scripture라고 성경을 표현할 수 있습니다. 자, 오바마 대통령은 '신약성경 고린도전서 13장 11절'에서 일부를 인용한 것 같군요. 성경을 영어로 번역해 놓은 것에는 여러 가지 버전이 있고 그 해석에 대해서도 의견이 분분하지만, 한 번역본에 When I was a child, I used to talk as a child, think as a child, reason as a child; when I became a man, I put aside childish things.(어렸을 때 나는 아이처럼 말하고 생각하고 판단했지만, 어른이 되고서는 유치함을 버렸다.)라는 문장이 나옵니다.

3_ the time has come to set aside childish things

the time has come to do ...의 패턴에서는 '…할 시간이 왔다'처럼 to 이하의 부분이 주어의 the time을 수식하는 형용사 용법으로 사용되었습니다. 이렇게 동사 뒤에 있는 형용사구나 형용사절이 주어인 명사를 수식하는 경우는 The time has come when ... 등의 관계사절에서도 자주 볼 수 있으니 주의하세요.

4_ The time has come ~ their full measure of happiness.

The time has come to reaffirm our enduring spirit도 앞에서 설명한 것과 같은 패턴의 문장입니다. 여기에서는 to reaffirm ... spirit이 형용사구이며 주어인 The time을 수식하고 있다는 것과 세미콜론 직후의 to choose our better history나 to carry forward ...가 형용사 용법의 부정사구로서 세미콜론으로 병렬되어 있다는 것을 눈치 채야 합니다.

> **구조 CHECK**
>
> The time has come ⎰ ¹(to reaffirm our enduring spirit);
>   ⎨ ²(to choose our better history);
>   ⎩ ³(to carry forward that precious gift …),

이제 상당히 까다로운 부분입니다. 먼저 that precious gift와 that noble idea가 콤마를 사이에 두고 다른 말로 표현되어 있네요. 뒤에 있는 passed는 과거분사로 앞의 명사 idea를 수식하고 있고요.(← 핵심문법 CLASS 1 참조) 그리고 뒤의 콜론은 말을 바꾼 것이기 때문에 the God-given promise는 결국 that precious gift, 다시 말해 that noble idea입니다. 이렇게, 처음 나온 that precious gift를 차례로 구체화하여 최종적으로 the God-given promise that all are equal, all are free, and all deserve a chance to pursue their full measure of happiness라는 오바마 대통령이 가장 강조하고 싶은 표현에 도달하도록 구성되어 있습니다. 이런 절묘한 구성 덕분에 청중이 오바마 대통령의 연설에 매료되는 것이 아닐까요?

이쯤 되면 어순을 거슬러 해석하는 것은 이제 무리입니다. 이런 경우 속독할 수 있는 비법을 살짝 알려드리겠습니다. 영어를 속독할 때는 어순대로 앞에서부터 읽으며 생각하는 게 편합니다. 특히 위 문장에서는 '그 때가 왔다' → '무슨 때?' → '어린애 같은 일을 그만두어야 할 때'와 같이, the time을 정관사 the로 한정해 놓은 이유가 나중에 설명된다는 느낌으로 번역해 나간다면 좀 더 빨리 읽을 수 있을 뿐 아니라 들을 때도 도움이 됩니다. 또, 같은 말을 계속 바꾸어 구체화시켜 나가는 표현도 영어의 어순대로 한 구절씩 해석해 가는 편이 더욱 빠르고 직접적으로 내용이 전달됩니다.

이 문장을 원어민 감각으로 앞에서부터 읽어 보면 다음과 같이 됩니다. 이해하기 쉽도록 의미상 한 구절이 될 만한 부분을 슬래시(/)로 끊어 두었습니다.

The time has come / to reaffirm our enduring spirit; / to choose our better history; / to carry forward that precious gift, / that noble idea passed on from generation to generation: / the God-given promise / that all are equal, all are free, and all deserve a chance to pursue their full measure of happiness.

마침내 때가 왔다 → 불굴의 정신을 재확인하고 → 더 나은 역사를 선택하여 → 그 귀중한 신의 선물을 내걸고 나아갈 때가 말이다 → 선물이라는 것은 바로 세대에서 세대로 이어져 내려온 숭고한 이상이며 → 신이 내린 약속인데 → 그 약속은 바로 누구나 평등하고 자유로우며 최대 행복을 추구할 기회를 부여 받을 만한 가치가 있다는 약속이다.

말투까지 바뀌어버려 장엄함이 사라져버리는 단점이 있군요. 하지만 평소에 영문을 읽을 때 의식적으로 이렇게 앞에서부터 내용을 이해하는 습관을 들이는 것은 영어 학습에서 매우 중요합니다. 최종적으로는 영어를 우리말로 바꾸지 않고 읽는 대로 한 구절씩 내용이 바로 입력되는 '직독직해'의 경지에 이를 때까지 꼭 연습해 보세요.

영문법! 오바마에게 배워라

18 「the + A(명사) + B(명사) + 관계대명사 …」로 되어 있는 경우, 보통 「the + A(명사) + B(명사)」 전체가 선행사가 된다.

19 「S + V + 형용사구(절)」에서는 형용사구(절)가 V가 아닌 S의 명사를 수식한다는 것에 주의하자!

20 영문을 속독하기 위해서는 앞에서부터 읽고 바로 번역해 나가는 훈련이 효과적이다.

06

In reaffirming the greatness of our nation, we understand that greatness is never a given. It must be earned. [1] <u>Our journey has never been one of shortcuts or settling for less.</u> It has not been the path for [2] <u>the faint-hearted,</u> [3] <u>for those who prefer leisure over work, or seek only the pleasures of riches and fame.</u> [4] <u>Rather, it has been the risk-takers, the doers, the makers of things — some celebrated but more often men and women obscure in their labor — who have carried us up the long, rugged path towards prosperity and freedom.</u>

미국의 위대함을 재확인하는 가운데, 우리는 위대함이 결코 거저 주어지는 것이 아니라 스스로 이뤄내야 한다는 점을 알고 있습니다. 우리의 여정은 결코 지름길도 아니었고 작은 성과에 안주하는 길도 아니었습니다. 일보다는 여가를 선호하고 부와 명예의 기쁨만을 추구하는 나약한 자들의 길이 아니었습니다. 오히려 그 길은 우리를 이끌고 길고 힘난한 길을 따라 번영과 자유를 향해 나아간 위험을 무릅쓰는 이들, 실천하는 이들, 무언가를 만들어내는 이들의 길이었습니다. 이들 중 일부는 유명인들이지만, 대부분은 남모르게 고생하는 사람들입니다.

WORDS & PHRASES

- reaffirm 재확인하다
- shortcut 지름길
- settle for A (불만족스럽지만) A로 만족하다
- path 길, 행로
- faint-hearted 나약한
- prefer A over B B보다 A를 더 좋아하다
- fame 명성
- risk-taker 위험을 무릅쓰는 사람, 모험가
- doer 행동가 do(하다) + 접미사 er(사람)
- celebrate 축하하다
- obscure 무명의, 모호한
- rugged 험난한, 험한

1. Our journey has never been ~ settling for less.

이 문장의 one은 주어 journey를 가리키는 대명사입니다. SVC 구조에서 C에 쓰인 대명사는 S와 같다는 공식을 기억하세요.

2. the faint-hearted

형용사 faint-hearted의 앞에 정관사 the가 붙어 있음에 주목하세요. 「the + 형용사」의 형태는 「형용사 + people」 즉, '…한 사람들'을 나타냅니다. 예를 들면 the rich는 rich people이니 '부자들'인 것이지요. 따라서 the faint-hearted는 '나약한 사람들'이라는 의미가 됩니다.

3. for those who prefer leisure ~ riches and fame

those who …는 '…하는 사람들'이라는 뜻으로, 여기서 who는 주격 관계대명사입니다. 그리고 those에는 '일반적인 사람들'을 가리키는 쓰임새가 있으니, 여기에서는 앞의 for the faint-hearted를 콤마 뒤에서 for those who …로 바꾸어 말하고 있음을 눈치 채야 합니다. 또한 관계사절 안에서 prefer와 seek이라는 두 개의 동사가 or로 병렬되어 있다는 것도 중요하고요.

4. Rather, it has been the risk-takers, ~ freedom.

이 부분은 상당히 어렵습니다. 먼저 it has been … who가 강조구문을 형성하고 있다는 것을 눈치 챘나요? 강조구문은 보통 it is … that의 형태가 일반적이지만, 강조하는 명사가 사람인 경우(여기에서는 the risk-takers, the doers, the makers of things)에는 that 대신 who를 쓰기도 합니다. 여기에서는, — some celebrated but more often men and women obscure

영문법! 오바마에게 배워라 63

in their labor —가 삽입되어 있어 has been과 who의 거리가 떨어져 있기 때문에 자칫 강조구문임을 눈치 채기 어려울 수 있으니 주의하세요. 삽입구를 뺀 부분의 번역은 '오히려 그 길은 우리를 이끌고 길고 험난한 길을 따라 번영과 자유를 향해 나아간 위험을 무릅쓰는 이들, 실천하는 이들, 무언가를 만들어내는 이들의 길이었습니다.'가 됩니다.

삽입된 부분은 being이 생략된 분사구문입니다. some은 some of the risk-takers, the doers, the makers of things이지요. celebrated는 바꾸어 말하면 famous로, 그것과 대조적으로 사용되고 있는 obscure는 바꾸어 말하면 not famous라고 생각할 수 있고, in their labor는 obscure에만 연결되어 사용된 부사구입니다. men and women은 일반인들을 가리키는 것이기 때문에, 여기서 오바마 대통령이 말하고 싶은 것은 미국의 영광을 유지시켜온 주인공 중에는 세상으로부터 인정받은 사람도 있지만 대부분은 서민들이라는 것이지요. 이를 솜씨 좋게 비유하여 힘 있는 문체로 전달하고 있군요.

영문법! 오바마에게 배워라

21 「the + 형용사」로 '…한 사람들'을 표현할 수 있다.

22 삽입구에 의해 강조구문의 It is와 that[who]이 멀리 떨어지는 경우에 주의하라!

07

For us, [1] they packed up their few worldly possessions and traveled across oceans in search of a new life. For us, [2] they toiled in sweatshops and settled the West, endured the lash of the whip and plowed the hard earth. For us, they fought and died, in places like [3] Concord and Gettysburg, Normandy and Khe Sahn.

Time and again [4] these men and women struggled and sacrificed and worked till their hands were raw so that we might live a better life. [5] They saw America as bigger than the sum of our individual ambitions, greater than all the differences of birth or wealth or faction.

우리를 위해, 그들은 자신들의 얼마 안 되는 전 재산을 들고 새로운 삶을 찾아 대양을 건너왔습니다. 우리를 위해, 그들은 공장에서 혹사당했고 서부에 정착하여 채찍질을 감내하며 황야를 일궜습니다. 우리를 위해, 그들은 콩코드와 게티즈버그, 노르망디와 케산 같은 곳에서 싸우다 전사하였습니다.

이들은 남녀를 막론하고 우리가 더 나은 삶을 살 수 있도록 손의 살갗이 벗겨질 때까지 몇 번이고 되풀이하여 분투하고, 희생하고, 일했습니다. 그들은 우리 미국을 각 개인들의 야망을 모두 합한 것보다 더 크고, 태생이나 빈부, 당파의 차이보다 더 위대한 나라로 보았던 것입니다.

WORDS & PHRASES

- **pack up** 정리하다, 꾸리다
- **worldly possessions** 재산, 소유물
- **in search of A** A를 찾아
- **toil** 수고하다, 열심히 일하다
- **sweatshop** 착취 공장
  저임금으로 장시간 노동시키는 공장
- **endure** 참다
- **lash** 채찍질, 채찍으로 맞는 것
- **whip** 채찍, 채찍으로 때리는 것
- **plow** 일구다
- **hard earth** 황야
- **struggle** 분투하다
- **sacrifice** 희생하다, 희생시키다
- **raw** (살갗이) 벗겨진, (상처 등이) 쓰라린
- **sum** 합계
- **ambition** 야심, 포부
- **faction** 당파

1. they packed up ~ oceans in search of a new life

주어 they는 the risk-takers, the doers, the makers of things를 가리키는 대명사이고 worldly possessions는 '재산, 소유물'입니다. 여기에서는 1620년 9월 16일 the Mayflower(메이플라워호)를 타고 미국으로 온 102명의 the Pilgrim Fathers(건국 조상인 청교도들)를 비롯하여, 수많은 난관을 뚫고 신대륙에 새 보금자리를 틀었던 이민자들에 대해 언급하며 그 업적을 칭송하고 있습니다.

2. they toiled in sweatshops ~ plowed the hard earth

여기에서도 they는 the risk-takers, the doers, the makers of things를 가리키고 있습니다. 이곳에 나오는 병렬 관계에도 주의하세요. 여기에서는 toiled in sweatshops, and settled the West와 endured the lash of the whip, and plowed the hard earth라는 두 개의 세트 표현이 콤마로 연결되어 있습니다.

sweatshop은 열악한 환경에서 장시간 저임금으로 일을 시키는 공장을 말합니다. 특히 뒤의 the lash of whip(채찍질)에서 알 수 있듯이 과거 미국 흑인들의 어두운 역사에 대해 생각하면서 그들 덕분에 지금의 미국이 있다는 내용을 시사하고 있군요.

오바마 대통령이 미국 최초의 흑인 대통령이라는 사실 때문에 취임연설에 흑인 차별의 역사를 언급할 것인지 말 것인지, 언급한다면 어떻게 할 것인지에 대해 세간의 주목을 받는 와중이었는데요, 백인들을 과도하게 도발시키지 않으면서 건국 조상들의 노고와 미국을 지키기 위해 싸운 전몰용사들에 대한 감사 사이에, 게다가 서부 개척자와 나란히 넣어 언급한 것은 정말 절묘한 선택이 아닐 수 없군요.

³ Concord and Gettysburg; Normandy and Khe Sahn

콩코드는 매사추세츠 주에 있는 독립전쟁의 전장, 게티즈버그는 매사추세츠 주에 있는 남북전쟁의 격전지, 노르망디는 프랑스 북부에 있는 제2차 세계대전 당시 연합국의 상륙지, 케산은 베트남 전쟁 시 미군 기지가 있었던 장소입니다. 이 부분도 단순한 영문 같지만, 미합중국의 역사를 되돌아보며 지금껏 전쟁에서 희생한 사람들에게 경의를 표하고 있다는 점에서 연설문 작성자의 역량이 엿보입니다.

⁴ these men and women ~ might live a better life

these men and women도 지금까지의 they와 마찬가지로 the risk-takers, the doers, the makers of things를 가리킵니다. 앞에서 men and women obscure in their labor라고 바꾸어 말했던 것 기억나시죠? 그리고 이 문장에서 so that은 목적을 나타내는 접속사입니다.(← **핵심문법** CLASS 5 참조) 목

적을 나타내는 so that 뒤에는 종종 조동사 may나 might가 쓰이니 기억해 두세요.

5 They saw America ~ of birth or wealth or faction.

see O as C는 'O를 C라고 간주하다'라는 뜻으로 regard O as C와 같습니다.(← 핵심문법 CLASS 3 참조) 여기에서 as는 문법적으로는 전치사이지만 사전적으로는 보어를 명시하고 있지요. 따라서 as 뒤에는 명사뿐 아니라 형용사나 분사가 와도 상관없습니다. 여기서도 보어의 위치에 bigger와 콤마 뒤 greater라는 형용사의 비교급이 놓여 있는 것에 주의하세요.

이 단락에서 오바마 대통령은 미국의 역사를 되돌아보면서 지금까지 미국을 지탱해온 사람들은 '자신의 길을 스스로 개척해 온 이름 없는 사람들'이라고 소리 높여 주장하고 있습니다. 이렇게 과거 미국의 영광의 역사를 상기시키며 그 주역이 일반 국민이었다는 인상을 남기는 것이 오바마 연설의 특징입니다.

23 전치사 as는 **SVOC** 구조의 문장에서 **C**를 명시하는 역할을 한다.

#08

¹ This is the journey we continue today. We remain ² the most prosperous, powerful nation on Earth. Our workers are ³ no less productive than when this crisis began. Our minds are no less inventive, ⁴ our goods and services no less needed than they were last week or last month or last year. Our capacity ⁵ remains undiminished. But ⁶ our time of standing pat, of protecting narrow interests and putting off unpleasant decisions — that time has surely passed. Starting today, we must pick ourselves up, dust ourselves off, and begin again the work of remaking America. (Applause)

이것이 바로 오늘날 우리가 계속 걷고 있는 여정입니다. 미국은 여전히 지구상에서 가장 부유하고 강한 국가입니다. 우리 근로자들은 이 위기가 시작됐을 때와 다름없이 생산적입니다. 지난 주, 지난 달, 아니 지난해와 다름없이 우리의 정신은 창의적이고 재화와 용역의 수요도 줄어들지 않았습니다. 우리의 능력은 쇠퇴하지 않았습니다.
하지만 자기 의견만을 고수하거나 편협한 이익을 보호하고 내키지 않는 결정들을 뒤로 미루는 시기는 분명히 지나갔습니다. 오늘부터 우리는 스스로를 추슬러 먼지를 털고 일어나 미국을 재건하는 일을 다시 시작해야 합니다.

WORDS & PHRASES

- continue 계속하다
- prosperous 번영하는
- productive 생산적인
- inventive 창의적인, 발명의 재능이 있는
- capacity 능력
- undiminished 쇠퇴되지 않은
  부정의 접두사 un+diminished(쇠퇴된)
- stand pat 입장을 고수하다
- narrow 편협한, 좁은
- interests 이익, 이해 관계
- put off A A를 연기하다
- pick oneself up 회복하다, 힘을 내다
- dust oneself off 먼지를 털다
- remake 재건하다, 개조하다
  접두사 re(다시)+make(만들다)

1. This is the journey we continue today

이곳에서 This는 앞 단락에 나온 '미국의 대중들이 지금까지 해온 노력'을 말하고 있습니다. the journey we continue today에서는 「명사+S+V」가 또 나오고 있네요. 여기에서도 선행사인 명사 뒤에 목적격 관계대명사인 which가 생략되어 있다고 보고 '우리들이 지금도 계속하고 있는 여행'이라고 해석할 수 있습니다.

2. the most prosperous, powerful nation

the most prosperous는 최상급으로, 뒤의 명사 nation을 수식하고 있습니다. 바꾸어 말하면 콤마 뒤의 powerful에도 the most가 공통으로 영향을 주어 최상급으로서 nation을 수식하고 있는 것입니다. prosperous 뒤의 콤마에서 문장을 끊고, 그 뒤의 「형용사+명사」를 마치 동격처럼 잘못 읽는 경우가 있으므로 주의해야 합니다. 형용사에는 원래 동격이 존재하지 않기 때문에 형용사 사이에 있는 콤마는 기본적으로 병렬이라고 생각해도 됩니다. 이렇게 명사 앞에서 콤마가 두 개의 형용사를 나열하는 「형용사, 형용사+명사」의 패턴을 알아두세요.

3 no less productive than

「no less + 형용사 / 부사 + than A」는 'A보다 덜 …하지는 않은/않게'라는 뜻이 되어 결국 'A처럼 …한/하게'의 의미가 됩니다.(← **핵심문법** CLASS 7 참조) 의미가 긍정적으로 같아지는 것이지요. 다시 말해 「no less + 형용사 / 부사 + than A」는 동등 비교의 「as + 형용사 / 부사 + as A」와 거의 같은 뜻이 되며, 따라서 이 문장도 Our workers are as productive as when this crisis began. 으로 바꾸어 쓸 수 있습니다.

또, less 대신 more를 사용하여 「no more + 형용사 / 부사 + than A」라고 쓰면 'A와 마찬가지로 … 않은/않게'라는 의미가 되어 부정적으로 같아집니다. 만일 여기서 오바마 대통령이 실수로 less가 아니라 more를 썼다면 Our workers are no more productive than when this crisis began.(우리 근로자들은 이 위기가 시작됐을 때와 다름없이 생산력이 형편없다.)과 같이 비방하는 내용이 되고 말아, 취임 현장에 몰려든 관중들이 폭동을 일으켰을지도 모를 일입니다.

4 our goods and services no less needed

여기에서도 「no less + 형용사 / 부사 + than A」가 사용되고 있는데 no less 앞에 are가 생략되어 있다는 걸 눈치 챘나요? 앞에 Our minds are no less inventive가 있고, 그 부분과 콤마로 연결되어 있기 때문에 반복되는 부분의 are가 생략된 것입니다. 연설과 같은 구어체에서는 반복을 생략함으로써, 간결지만 매우 명료하고 시원시원한 말투가 되기 때문에 이번 오바마 대통령의 취임연설에서도 생략이 많이 등장하고 있습니다.

앞으로 이 연설을 읽어 나가면서 생략된 곳을 찾아보면 매우 효과적인 독해 훈련이 될 것입니다. 있어야 할 것이 없는 것을 안다는 것은, 다시 말하면 올

바른 구조를 알고 있다는 것이니까요.

⁵ remains undiminished

undiminished는 과거분사인데 앞에서 언급했듯이 과거분사는 형용사의 역할을 하기도 합니다. 형용사는 명사를 수식할 뿐 아니라 보어가 될 수도 있다는 것을 기억하세요. 그리하여 undiminished는 remain이라는 동사의 보어 역할을 하여, '쇠퇴하지 않은 채로 있다'라는 '상태 유지'의 의미를 나타내고 있습니다.(← 핵심문법 CLASS 1, 2참조)

⁶ our time of standing pat, ~ has surely passed

여기에서는 공통 관계를 확인하세요. 먼저 our time of ..., of ~와 같이 of로 시작하는 전치사구가 time 뒤에 콤마로 연결되고 있군요. 이 of로 시작되는 전치사구는 모두 time을 수식하는 형용사구입니다. 또, 두 번째의 of로 시작되는 전치사구 속에서 동명사 protecting과 putting이 and로 나열되어 있음에도 주의해 주세요. 또한 이 뒤에서 our time ... 부분을 하이픈을 이용하여 다시 that time으로 바꾸어 말하고 있음에도 주목해야 합니다. 이렇게 주어가 복잡해진 경우 하이픈으로 주어를 최대한 간결하게 정리하여 바꾸어 말하는 수법은 영어에서 종종 볼 수 있습니다.

구조 CHECK

our time {
 ¹ (of standing pat),
 ² (of [¹' protecting narrow interests
        and
        ²' putting off unpleasant decisions])
}

이 단락에서 오바마 대통령은 '미국은 좋은 나라이고 국민의 능력도 뛰어나니 앞으로도 열심히 해나갈 것이다. → 하지만 지금까지 해오던 식으로 하는 시대는 끝났다. → 앞으로 먼지를 털어내고 미국을 재건하자!'라고 국민을 고무하고 있는 것입니다.

영문법! 오바마에게 배워라

24 명사 앞에서 콤마로 나열된 두 개의 형용사에 주의하라.
25 「no less + 형용사 / 부사 + than A」는 'A와 마찬가지로 …한 / 하게'의 의미이다.

#09

¹ For everywhere we look, there is work to be done. The state of the economy calls for ² action, bold and swift, and we will act — ³ not only to create new jobs, but to lay a new foundation for growth. We will build the roads and bridges, the electric grids and digital lines that feed our commerce and bind us together. ⁴ We will restore science to its rightful place, and wield technology's wonders to raise health care's quality and lower its cost. We will harness ⁵ the sun and the winds and the soil to fuel our cars and run our factories. And we will transform our schools and colleges and universities to meet the demands of a new age. ⁶ All this we can do. All this we will do.

어디를 둘러보아도 해야 할 일이 있기 때문입니다. 경제 상황은 대담하고 신속한 행동을 요하고 있습니다. 우리는 새로운 일자리를 창출하기 위해서만이 아니라 성장 기반을 마련하기 위해서 행동할 것입니다. 우리는 상업에 활력을 불어넣고 우리를 한데 묶어줄 도로와 교량, 전력망과 디지털 회선을 건설할 것입니다. 우리는 과학을 제자리로 돌려놓을 것이고, 의료 체계의 질은 향상시키면서 비용은 낮출 기술의 기적을 활용할 것입니다. 우리는 태양과 바람, 토양을 이용해 자동차에 연료를 공급하고 공장을 가동할 것입니다. 그리고 새 시대의 요구에 부응할 수 있도록 각종 학교와 대학교를 개혁할 것입니다. 우리는 이 모든 것을 할 수 있습니다. 할 것입니다.

WORDS & PHRASES

- state 상황
- call for A A를 요구하다
- bold 대담한
- swift 신속한
- not only A but (also) B A뿐 아니라 B도
- foundation 기반
- electric grid 전력망
- digital line 디지털 회선
- feed 공급하다, 먹이다
- commerce 상업
- bind 묶다
- restore 원상태로 되돌리다
- rightful 합당한, 정당한
- wield 활용하다
- wonder 기적, 경이
- lower 낮추다
- harness 활용하다
- soil 토양
- transform 변형하다
  접두사 trans(다른 상태로) + form(모양을 만들다)
- demand 요구

1. For everywhere we look, there is work to be done.

첫머리의 For는 이유를 나타내는 접속사로 '…이기 때문에'라는 뜻입니다. 하지만 이유를 나타내는 종속접속사 because와는 달리 등위접속사라는 것을 기억해 두세요. 종속접속사는 「종속접속사+S'+V', S+V」와 같이 한 문장 안에 두 개의 절이 공존해야 하지만, 등위접속사는 「등위접속사+S+V」 구조로 충분합니다.

그렇다면 For 직후의 everywhere는 어떤 역할일까요? 언뜻 보면 부사인 것처럼 보이지만, everywhere 자체가 접속사적인 역할을 하여 「everywhere + S'+V'」 형태의 부사절을 형성하고 있는 것입니다. 의미는 '어디를 둘러보아도'가 되고요.

뒤의 부정사 to be done은 형용사적 용법으로 앞의 명사 work를 수식하고 있습니다. work는 '일'이라는 의미로 쓰이면 일반적으로 불가산명사이기 때문에 관사도 필요 없고 복수형으로 사용하지도 않는다는 것에 주의하세요.

다시 말하지만, for는 등위접속사이기 때문에 For everywhere we look, there is work to be done.은 '어디를 둘러보아도 해야 할 일이 있기 때문입니다.'라고 해석됩니다. '우리들은 도처를 보기 때문에, 해야 할 일이 있습니다.'라고 종속접속사처럼 잘못 풀이하지 않도록 주의합시다.

2 action, bold and swift

bold and swift action이라고 하지 않고, action, bold and swift와 같이 뒤에서 꾸며주는 방식으로 쓰면 bold와 swift가 강조된 느낌이 듭니다. 이 부분은 연설 특유의 강조법이지요.

3 not only to create new jobs, ~ foundation for growth

not only A but (also) B로 'A뿐 아니라 B도'라는 뜻을 나타내는데, 이런 상관 표현에서는 A와 B에 문법상 대등한 것이 들어가는 것이 원칙이었지요. 여기서도 A 부분에 to create new jobs, B 부분에는 to lay a new foundation for growth라는 목적을 나타내는 부사적 용법의 부정사구가 나열되어 있다는 것을 염두에 두세요.(← **핵심문법** CLASS 8 참조) 또한, 중요한 정보는 but 이하에 온다는 것도 다시 한 번 확인해 두세요. 즉, 오바마 대통령이 '지금의 불황에서 일어서기 위해서는 새로운 일자리를 창출하기 위해서만이 아니라 성장 기반을 마련하기 위해서 행동해야 한다'고 생각한다는 것을 알 수 있습니다.

4 We will restore ~ care's quality and lower its cost

이 문장에서도 병렬과 공통 관계를 확인하는 것이 중요합니다. 제일 먼저 나오는 and에는 restore라는 동사와 wield라는 동사가 나란히 걸려 있고 will이 이 두 동사를 공통으로 묶고 있습니다. 또 뒤의 부정사구 안에 있는 and는 raise라는 원형동사와 lower라는 원형동사를 병렬로 연결하고 있습니다.

5 the sun and the winds ~ cars and run our factories

여기서 말하는 the sun은 태양광 발전, the winds는 풍력 발전, the soil은 지열 발전을 말하며, 마침내 에너지 최대 소비국인 미국도 앞으로는 환경을 위해 에너지 전략을 생각해야만 한다는 방침을 밝히고 있습니다. 우선 오바마 대통령이 지향하는 구체적인 정책이 보이는군요. 먼저 고용 창출은 당연한 일이며, 미래를 직시하여 사회 기반 시설 정비를 위한 과학 기술의 도입, 이에 의한 의학의 질적 향상과 그에 따른 의료비 인하, 그리고 마침내 환경 대책을 세우겠다고 선언하고 있군요. 앞으로 주시해야겠습니다. 이 단락의 마지막 부분에서 말하고 있듯이 미국은 지금까지 '하고자 하면 할 수 있는' 것도 득이 되지 않는다면 절대 하지 않는 나라였으니까요.

6 All this we can do. All this we will do.

여기에서는 All this가 주어 같지만, 뒤를 보면 we can do로 끝나고 있습니다. 이렇게 「명사+S+V(타동사)」의 형태를 보았을 때는 목적격 관계대명사가 생략된 경우가 많다고 했는데, 알아보는 방법이 한 가지 더 있습니다. 그것은 「S+V+O」의 도치형 「O+S+V」라고 가정하는 방법입니다.(← 핵심문법 CLASS 9 참조) 이번 경우는 원래 We can do all this.(S+V+O)의 목적어인 all this를 문장 앞으로 이동시켜 앞 문장과의 연결이 자연스럽게 느껴집니다.

뒤의 All this we will do도 We will do all this.에서 목적어인 all this를 문장 앞으로 이동시킨 경우입니다.

여기서도 오바마 대통령은 '이 일은 모두 제가 할 수 있는 일들입니다. 그리고 앞으로 모두 실현시켜 나갈 것입니다.'라고 힘 있게 말하고 있는데, 그에 따른 구체적인 방안이 분명하게 제시되어 있지 않아서 조금 아쉽군요.

영문법! 오바마에게 배워라

26. 접속사 for는 등위접속사이므로 「For + S' + V', S + V」는 'S'가 V'하기 때문에 S가 V하다'로 해석하지 않는다.

27. not only A but (also) B의 A와 B에는 문법상 대등한 것이 들어가야 한다.

28. 병렬이 있으면, '무엇과 무엇을 나열하고 있는지', '공통 관계는 없는지'를 주목하라.

29. 「명사 + S + V(타동사)」의 형태와 마주치게 되면 「S + V + O」의 도치형 「O + S + V」라고 가정해 보라.

10

Now, there are some who question the scale of our ambitions — who suggest that our system cannot tolerate too many big plans. Their memories are short, [1] for they have forgotten what this country has already done, what free men and women can achieve when imagination is joined to common purpose, [2] and necessity to courage. [3] What the cynics fail to understand is that the ground has shifted beneath them, [4] that the stale political arguments that have consumed us for so long no longer apply.
[5] The question we ask today is not whether our government is too big or too small, but whether it works — [6] whether it helps families find jobs at a decent wage, care they can afford, a retirement that is dignified. [7] Where the answer is yes, we intend to move forward. [7] Where the answer is no, programs will end. And those of us who manage the public's dollars will be held to account — to spend wisely, reform bad habits, and do our

business in the light of day — because [8] <u>only then can we restore</u> the vital trust between a people and their government.

현재, 우리의 제도로는 수많은 거대한 계획들을 감내할 수 없다며 우리가 밝힌 포부의 규모에 의심을 품는 사람들이 있습니다. 그러나 그들은 자신들의 짧은 기억력을 탓해야 합니다. 이 나라가 이미 해낸 일들, 즉, 상상력이 공공의 목적과 결합되고 필요가 용기를 만날 때 자유인들이 해낼 수 있는 것이 무엇인지를 잊었기 때문입니다. 냉소주의자들이 이해 못하는 것은 발밑에서 지각변동이 일어났다는 사실, 즉 우리를 오랫동안 소모적으로 이끌어왔던 진부한 정치적 논거들이 더 이상 먹혀들지 않는다는 사실입니다.

오늘날 우리가 던져야 할 질문은 정부가 너무 큰가 작은가가 아니라 실효성이 있느냐 없느냐 하는 것입니다. 즉, 정부가 가족들에게 타당한 보수의 직업을 찾을 수 있도록 해주고, 비용을 지불할 수 있을 만한 의료 혜택을 받을 수 있도록 해주며, 품위 있는 퇴직생활을 할 수 있도록 돕고 있는가 하는 것입니다. 대답이 "예"라면 그곳으로 전진할 것이요, "아니요"라면 계획이 중지될 것입니다. 공급을 관리하는 이들은 책임지고 돈을 현명하게 지출하고 악습들을 개혁하며 투명한 사업을 하게 될 것입니다. 그럴 때에만 비로소 국민과 정부 사이에 중요한 신뢰가 회복될 수 있기 때문입니다.

WORDS & PHRASES

- ☐ **scale** 규모, 크기
- ☐ **suggest** 시사하다
- ☐ **tolerate** 견디다
- ☐ **achieve** 달성하다
- ☐ **be joined to A** A와 결합되다
- ☐ **common** 공공의, 공통의
- ☐ **courage** 용기
- ☐ **cynic** 냉소주의자, 비꼬는 사람
- ☐ **fail to do** …할 수 없다
- ☐ **shift** 이동하다
- ☐ **beneath A** A 밑에서
- ☐ **stale** 낡아빠진, 상한
- ☐ **political** 정치의
- ☐ **argument** 논거
- ☐ **consume** 소모시키다
- ☐ **no longer** 더 이상 … 않다
- ☐ **apply** 들어맞다, 적용되다
- ☐ **decent** 일정 수준의, 버젓한
- ☐ **wage** 임금
- ☐ **afford** …에 지불할 여유가 있다
- ☐ **retirement** 퇴직, 은퇴
- ☐ **dignified** 품위 있는, 위엄이 있는
- ☐ **intend to do** …할 작정이다
- ☐ **move forward** 전진하다
- ☐ **manage** 관리하다
- ☐ **public's dollars** 공금
- ☐ **be held to account** 책임을 지다
- ☐ **reform** 개혁하다 접두사 re(다시)+form(형성하다)
- ☐ **do business in the light of day** 투명하게 사업하다
- ☐ **restore** 회복하다 접두사 re(다시)+store(수리하다)
- ☐ **vital** 중요한, 불가결한

1. for they have forgotten ~ country has already done

여기에서 for는 이유를 나타내는 등위접속사입니다. 문장 첫머리에 나오는 for는 전치사인 경우와 접속사인 경우가 있으니 주의하기 바랍니다. what에는 다양한 용법이 있는데,(← **핵심문법** CLASS 10 참조) 여기에서의 what은 관계대명사나 의문대명사 두 가지 모두로 보아도 무방합니다. 즉, what this country has already done은 '이 나라가 이미 이룬 일(what을 관계대명사로 보았을 때)', '이 나라가 이미 무엇을 이루었는지(what을 의문대명사로 보았을 때)' 어느 것으로 보아도 상관없습니다.

어느 쪽이 되었든 what은 대명사이기 때문에 절 안에서 주어, 보어, 목적어의 역할을 하면서도 명사절을 이끌고 있다는 것에 주의하세요. 여기에서도 뒤에 있는 타동사 done의 목적어 역할을 하면서 what this country has already done 자체가 명사절이 되어, 앞의 타동사 forgotten의 목적어 역할을 하고 있습니다.

구조 CHECK

For they have forgotten [what this country has already done]
S   V   O (O' S' V')

2. and necessity to courage

necessity와 to courage 사이에 뭔가 생략되었다는 것을 눈치 챘나요? 생략은 반복을 피하기 위해 사용되는 것이니 생략된 부분을 다시 채우는 것은 앞 문장의 반복 부분이 어디인지를 찾는 작업이 됩니다. and 앞에 imagination is joined to common purpose가 있는데, 여기서 to에 주목해 주세요. 즉, necessity (is joined) to courage라고 동사 부분을 채워 문장의 뜻을 짐작

할 수 있습니다. 이렇게 and로 병렬된 두 개의 구조에서 반복 부분이 생길 때는 '반복 회피'를 위해 생략되는 일이 많다는 것을 재차 기억해 두세요.

<u>3</u> What the cynics fail ~ shifted beneath them

여기서도 What ... understand가 관계대명사 what이 이끄는 명사절로 주어 역할을 하고, is가 술어 동사, that ... them까지가 접속사 that이 이끄는 명사절이자 보어인 **SVC** 구조로 되어 있습니다.(← **핵심문법** CLASS 10 참조)

부정의 not은 없지만 fail to do 자체가 '…할 수 없다, …하지 않는다'라는 부정의 의미임에도 주의합시다.

> **구조 CHECK**
>
>   O'   S'   V'   S'   V'
> [What the cynics <u>fail to understand</u>] is [that the ground has shifted
>   S   V C
> beneath them]

<u>4</u> that the stale political arguments ~ no longer apply

콤마 뒤의 that은 접속사로서 명사절을 이끌고 있습니다. 여기에서는 **3**에서 설명한 that절을 달리 표현한 것입니다.(← **핵심문법** CLASS 5 참조)

여기서 주의해야 할 것은 that 뒤의 구조입니다. arguments가 주어, 마지막의 apply가 이에 대응하는 술어 동사입니다. 이렇게 영어에서는 주어와 동사가 멀리 떨어져 있는 경우가 있고,(← **핵심문법** CLASS 11 참조) 그런 문장은 구조를 파악하기 쉽지 않은 경우가 많습니다. 항상 '문장 첫머리의 명사는 주어 → 그 주어에 대한 술어 동사를 찾는다'는 의식을 갖고 있으면, 영어 특유의 **SV** 감각이 향상되고 리듬감이 좋아져 보다 빠르고 정확하게 읽을 수 있게 됩니다. 또 arguments 다음에 나오는 that은 주격 관계대명사로 so long까지를 형용사절로 묶어 명사 arguments를 수식하고 있습니다.

다음에서 문장의 전체 구조를 확인해 보세요.

구조 CHECK

[that the stale political arguments (that have consumed us for so
   S   s'   v'   o'
long) no longer apply]
      V

5. The question we ask today is ~ but whether it works

The question we ask today에서 「명사+S+V」 구조가 보이나요? question 뒤에 목적격 관계대명사 which가 생략되어 있군요. not whether our government is too big or too small, but whether it works에서는 우선 not A but B(A가 아니라 B)라는 상관 표현이 사용됐으며, A와 B 각각에 접속사 whether가 이끄는 명사절이 들어가 있다는 것을 파악해야 합니다. whether에는 '…인지 아닌지'라는 뜻의 명사절을 이끄는 접속사 외에 다양한 용법이 있으니 사전을 찾아 확실하게 알아두세요.

여기에서 오바마 대통령은 큰 정부냐 작은 정부냐, 이를테면 민주당이 주장하는 '큰 정부', 공화당이 주장하는 '작은 정부' 등의 2대 정당의 알력을 넘어 대동단결하자고 호소하고 있군요.

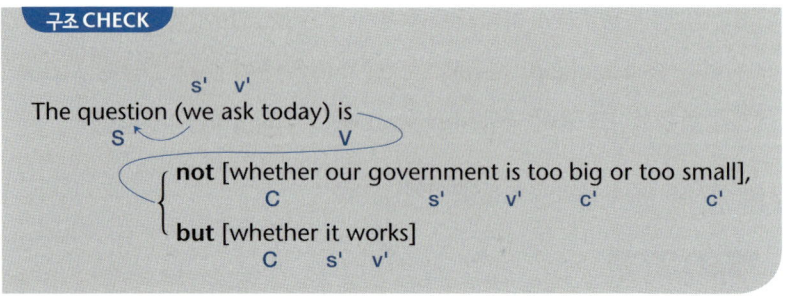

6 whether it helps families ~ that is dignified

여기에서도 5에서 설명한 whether절 대신에 이용하여 또 다른 whether 절로 달리 표현되어 있음에 주의하세요.

help의 어법에도 주의하세요. help는 「help+O+(to)+동사원형」의 형태로, 'O가 …하는 것을 돕다'라는 뜻이 됩니다. 이때 to는 생략되어도 문제가 없어요. find 뒤에 jobs와 care, a retirement라는 세 개의 명사가 나열되어 있는데, 모두 find의 목적어입니다. 또, care they can afford는 「명사+S+V」이므로 목적격 관계대명사가 생략되었다는 것을 알 수 있습니다.

7 Where

여기에서 나온 Where의 쓰임을 알고 있나요? 이 Where는 접속사로서 Where the answer is yes는 부사절이 됩니다. 여기에서는 Where 앞에 in the case가 생략되었다고 보고 '…의 경우에는'이라고 해석해 주어야 합니다. 접속사 where는 자칫 놓치기 쉽기 때문에 여기에서 분명하게 알아두는 것이 좋습니다. 참고로 뒤의 Where the answer is no의 Where도 마찬가지입니다.

단락 첫 문장에서 제시한 The question에 대한 답이 여기에서의 the answer입니다. 오바마 대통령이 앞으로 해나갈 개혁에서 끊어야 할 곳은 끊는 '성역 없는 구조개혁'을 하겠다는 의사를 표명한 것으로, 국민의 신뢰를 얻으려면 정부의 정책에서 낭비를 줄이고 투명성을 확보하는 것이 급선무라는 생각을 나타내고 있군요.

8 only then can we restore

주의가 필요한 부분입니다. only는 '…밖에 없다'라는 부정적인 뜻을 지니고 있습니다. 이렇게 영문의 첫머리에 부정의 뜻을 나타내는 부사가 놓이면, SV 부분이 도치된다는 것을 알고 있나요? 여기서도 only then이라는 부정의 부사구가 문장 첫머리에 있기 때문에 원래 we can restore의 어순이었던 SV 부분이 can we restore가 된 것입니다.

> **구조 CHECK**
>
> We can restore the vital trust (between ~ government) only then.
> S   V   O
>
> Only then can we restore the vital trust (between ~ government).
>   S V   O
>   도치

영문법! 오바마에게 배워라

30 what의 용법을 확실히 정리하고 넘어가자.
31 접속사 whether의 용법에 주의하라.
32 접속사 where에 주의하라!
33 영문의 첫머리에 부정의 부사가 놓이면 뒤의 SV가 도치된다.

#11

¹ Nor is the question before us whether the market is a force for good or ill. ² Its power to generate wealth and expand freedom is unmatched. But this crisis has reminded us that without a watchful eye, the market can spin out of control — and that a nation cannot prosper long when it favors only ³ the prosperous. The success of our economy has always ⁴ depended not just on the size of our Gross Domestic Product, but on the reach of our prosperity, on the ability to extend opportunity to every willing heart — ⁵ not out of charity, but because it is the surest route to our common good. (Applause)

또한 우리의 당면 문제는 시장이 선을 위한 힘인지 악을 위한 힘인지에 관한 것이 아닙니다. 부를 창출해 내고 자유를 팽창시키는 시장의 힘은 비길 데 없이 막강합니다. 하지만 이번 위기를 통해 우리는 감시의 눈이 없을 때에는 시장이 통제를 벗어날 수도 있다는 사실과 더불어 부유층에게만 호의를 베푸는 국가는 지속적인 번영을 누릴 수 없다는 사실을 깨달았습니다. 우리 경제의 성공은 항상 국내총생산의 규모에만 좌우되는 것이 아니고, 번영이 미치는 범위와 의욕을 가진 모든 이들에게 기회를 확대할 수 있는 우리의 능력에 달려 있습니다. 동정심 때문이 아니라, 그것이 공익에 도달하는 가장 확실한 길이기 때문입니다.

WORDS & PHRASES

- generate 창출하다, 낳다
- wealth 부
- expand 팽창시키다, 확장하다
- unmatched 필적할 것이 없는
  부정의 접두사 un + matched(필적하는)
- remind + O + that절 …에게 ~을 떠올리게 하다
- watchful 감시의, 빈틈없는
- spin out of control 통제에서 벗어나다
- prosper 번영하다
- favor 호의를 베풀다
- prosperous 번영하는
- depend on A A에 좌우되다, A에 의지하다
- gross domestic product 국내총생산(= GDP)
- on the reach of A A가 미치는 범위 안에
- prosperity 번영
- extend 확대하다 ex(밖으로) + tend(넓히다)
- opportunity 기회
- willing 의욕 있는, 자진해서 하는
- charity 동정, 자선
- common good 공익

1. Nor is the question ~ a force for good or ill.

Nor가 문장 첫머리에 있으면 그 뒤의 **SV** 부분이 도치된다는 것에 주의하세요. 여기서도 is the question before us whether …는 원래 the question before us is whether …의 도치형으로, whether절은 명사절이며 is의 보어 역할을 하고 있습니다. nor는 앞 문장의 부정문을 받아, '그리고 또한 … 도 아니다'라는 부정문이 이어질 것을 나타내는 접속사인데, 여기에서는 앞 단락의 첫 문장에 나타난 The question we ask today is not whether our government is too big or too small을 받고 있는 것에 주의하세요.

2. Its power to generate wealth ~ is unmatched.

이 문장의 주어는 power이고 술어 동사는 is unmatched라는 것이 파악 되나요? 이렇게 **SV**가 떨어져 있는 영문에 익숙해져야 합니다.(← **핵심문법 CLASS 11 참조**) **SV** 사이에 있는 to generate wealth and expand freedom 은 형용사 용법의 부정사구로, 앞의 명사 power를 수식하고 있습니다. and

는 부정사구에서 두 개의 동사원형인 generate와 expand를 나열하고 있네요.

³⁻ the prosperous

prosperous라는 형용사 앞에 정관사 the가 붙어 있습니다. 이는 앞에서도 나왔던 「the + 형용사」의 형태로, '…한 사람들'이라는 뜻을 나타내기 때문에 the prosperous는 prosperous people과 같이 '성공한 사람들, 부유한 사람들'로 풀이됩니다.

⁴⁻ depended not just on the size ~ of our prosperity

이미 not only A but (also) B(A뿐 아니라 B도)라는 표현이 나왔는데 not just A but (also) B도 같은 표현입니다. 물론 마찬가지로 A와 B에는 문법상 대등한 것이 들어가고요. 그래서 여기에서도 on the size of our gross domestic product와 on the reach of our prosperity라는 전치사구가 병렬되어 있음을 확인할 수 있습니다.

⁵⁻ not out of charity, but ~ to our common good

여기서도 앞서 나온 not A but B(A가 아니라 B)라는 상관 표현이 사용되고 있군요. A에 해당하는 부분은 out of charity라는 부사구로, B에 해당하는 부분은 because it is the surest route to our common good이라는 부사절입니다. A와 B의 구조가 다른 듯 보이지만, 품사가 달라도 모두 부사의 역할을 한다는 점에서 문법상 대등하다고 볼 수 있습니다.

여기에서 오바마 대통령이 미국을 곤경에 처하게 한 최대의 원인인 서브프라임론 문제(여기에서는 the crisis라고 얼버무리고 있지만 말이지요)를 의식하고 있음을 알 수 있습니다. 첫머리에서는 경기가 좋고 나쁨은 상관없다며 당파를 넘어선 대동단결을 넌지시 비추고 있지만, 역접의 but 뒤에서는 역시 어느 정도 정부가 시장에 개입하여 감시하지 않으면 안 된다는 민주당적인 발언을 하고 있군요. 또한 소수의 부유층이 부를 독점하고 있는 자본주의 경제의 어두운 면을 타파하여 부의 재분배를 이뤄야 한다고 주장하며, 공동의 이익을 생각하겠다고 선언하고 있습니다.

금융 파탄의 원인을 초래한 금융 대기업의 최고위층이 터무니없이 높은 보너스를 받고 있는 것에 대해, 전력을 다해 이것을 돌려받도록 노력할 것이고 앞으로 그런 무책임한 기업은 정부가 개입하여 지도하겠다는 위협을 하고 있는 것처럼 보입니다. 이 연설을 듣고 있던 금융 관계자들은 등골이 오싹했겠군요.

영문법! 오바마에게 배워라

34 「nor + 도치형」은 '그리고 또한 …도 아니다'라는 뜻이 된다.

35 not just A but (also) B는 A와 B에 대등한 것이 들어가야 한다.

#12

[1] As for our common defense, we [2] reject as false the choice between our safety and our ideals. [3] Our Founding Fathers — (Applause) — our Founding Fathers, faced with perils we can scarcely imagine, drafted a charter to assure the rule of law and the rights of man — a charter expanded by the blood of generations. Those ideals still light the world, and we will not [4] give them up for expedience's sake. (Applause) And so, [5] to all the other peoples and governments who are watching today, from the grandest capitals to the small village where my father was born, know that America is a friend of each nation and every man, woman, and child who seeks a future of peace and dignity, and we are ready to lead once more. (Applause)

공동의 안보에 관한 한, 우리는 안전과 이상 사이에서 한 가지만을 선택하는 것은 그릇된 것으로 간주하고 거부할 것입니다. 우리의 헌법 제정자들은 좀처럼 상상하기 힘든 위험과 맞닥뜨리면서, 법치와 인권을 보장하는 헌장의 기초를 마련하였고, 이는 세대를 거치면서 흘린 피로써 확장되었습니다. 그러한 이상들이 여전히 이 세상을 비추고 있으니, 우리는 단순히 편의를 위해 그것들을 저버리지는 않을 것입니다.
그리고 거대한 수도부터 저희 부친이 태어난 작은 마을에 이르기까지, 오늘 이 자리를 지켜보고 있는 타국의 모든 국민들과 정부에게 고합니다. 미국은 각국의 친구요, 평화롭고 품위 있는 미래를 추구하는 남녀노소의 친구라는 것을 알아두십시오. 그리고 미국은 다시 한 번 앞장설 준비가 되어 있습니다.

WORDS & PHRASES

- **as for A** A에 관한 한, A에 대해 말하자면
- **defense** 안보, 방어
- **be faced with A** A에 직면해 있다
- **peril** 위험
- **scarcely** 좀처럼 … 않다
- **draft** 초안을 만들다; 초안
- **charter** 헌법, 헌장
- **assure** 보장하다
- **right** 권리
- **expand** 확대하다
- **ideal** 이상
- **light** 비추다; 빛
- **give up A for B** B를 위해 A를 포기하다
- **expedience** 편의, 기회주의
- **for ... sake** …을 위해
- **grand** 큰
- **capital** 수도
- **seek** 추구하다, 찾다
- **dignity** 품위, 위엄
- **be ready to do** …할 준비가 되어 있다

1 As for

as for A는 'A에 관한 한, A에 대해 말하자면'이라는 뜻의 구전치사(두 단어 이상으로 하나의 전치사 역할을 하는 것)입니다. as to A도 거의 같은 뜻을 나타내지요. 구전치사에는 다양한 것이 있으니 이번 기회에 반드시 정리해 두세요.(← **핵심문법** CLASS 12 참조)

2 reject as false the choice

여기 있는 as는 전치사입니다. 그리고 타동사 reject의 목적어는 분명히 the choice입니다. 보통 「타동사+O+as+명사」가 되는데 「타동사+as+명사+O」로 어순이 바뀐 것이지요. 목적어 뒤에 형용사구나 형용사절이 붙어 있는 경우(이 경우는 between our safety and our ideals)에는 「타동사+전치사+명사+O+형용사구(절)」의 어순이 되기 쉽습니다. 목적어가 명사구나 명사절이어도 이런 어순이 되는 경우가 종종 있고요. 예를 들면, Tom explained to the staff that she could not attend the meeting.(톰은 직원에게 그녀는 회의에 출석하지 못한다고 설명했다.)과 같은 경우이죠.

3. Our Founding Fathers ~ by the blood of generations.

Founding Fathers, 즉 '건국의 아버지들'이란 1787년에 미합중국의 헌법을 제정한 55인을 말합니다. 여기서 한 번 박수가 쏟아져 말이 끊기자, 오바마 대통령은 다시 our Founding Fathers라고 말하고 있군요. 또 charter는 일반적으로 '헌장'이라는 뜻으로 쓰이는데 여기에서는 문맥으로 볼 때 '미합중국 헌법'이 됩니다.

구조를 보면, faced는 과거분사이지만 콤마와 콤마 사이에 삽입되어 분사구문으로 사용되고 있음에 주목하세요.(← **핵심문법** CLASS 6 참조) 이렇게 분사구문이 주어와 동사 사이에 삽입되면 영문 전체의 구조 파악이 어려워지기 때문에 주의해야 합니다. 여기서도 Our Founding Fathers가 주어이고, drafted가 술어 동사임을 분명히 파악하는 것이 중요합니다. 특히 연설 같은 구어에서는 콤마가 보이지 않기 때문에 faced가 술어 동사가 아니라 과거분사라는 것을 알기가 더 어려워지지요. 끊어서 말하는지 연속해서 말하는지 주의하면서 듣는 것도 중요합니다. expanded도 앞의 명사 a charter를 수식하는 과거분사라는 것에 주의하세요.(← **핵심문법** CLASS 1 참조) 규칙동사는 동사의 과거형과 과거분사형이 같은 형태가 되기 때문에 오히려 까다로워질 수 있다는 것이 이 경우에 잘 나타나 있군요. 앞으로도 규칙동사의 -ed 형태가 나오면 과거형인지 과거분사형인지, 과거분사형이라면 그 용법은 무엇인지를 생각하는 습관을 들이면 도움이 될 것입니다.

여기서 오바마 대통령은 안전과 이상의 양립이 가능하다고 간접적으로 말하고 있는데요, 그 이면에는 미합중국 헌법으로 보증된 미국의 이상, 이를테면 '테러와의 전쟁'이라는 명목으로 9·11테러 이후 제정된 애국자법(Patriot Act) 등을 통해 개인의 자유를 제한한 부시 정권에 대해 비판하고 있다고 생각할 수도 있습니다.

어쨌든 이 법률은 일반 시민도 영장 없이 도청하거나 인터넷 감시를 할 수 있는 등, 실로 민주주의 국가에서 가장 중요한 개인의 프라이버시를 침해하는 것이기 때문에 비판 받는 것은 당연해 보입니다. 이 대목에서 박수갈채를 받은 것도 이 악법에 대한 시민들이 뿌리 깊은 혐오감 때문이 아닐까요?

4 give them up for expedience's sake

give them up의 어순에 주목하세요. give up A는 'A를 포기하다'라는 뜻인데, 보통「타동사+부사+O(명사)」순의 숙어 표현에서 목적어가 대명사인 경우에는「타동사+O(대명사)+부사」의 순서가 됩니다. 이런 표현에는 call A up(A에게 전화하다), see A off(A를 배웅하다) 등이 있으니 기억해 두세요.

5 to all the other peoples and governments ~ more

혹시 peoples를 '사람들'이라고 번역했나요? people이 '사람들'이라는 뜻의 집합명사로 쓰일 때는 복수의 의미를 지녔기에 복수형을 따로 쓰지 않아도 항상 복수 취급을 하며 부정관사를 붙이지도 않습니다. 하지만 a people이나 peoples처럼 집합명사가 아닌 일반적인 형태로 쓰는 경우가 있습니다. 바로 '사람들'이 아니라 '국민, 민족'이라는 뜻으로 쓰일 때입니다.

그런데 이 부분은 구조적으로 매우 난해하군요. 관계대명사 who의 선행사는 all other peoples and governments인데, 왜 governments(정부)에 사람을 나타낼 때 사용하는 관계대명사 who가 쓰였을까요? 그 이유는 여기에서의 governments가 the people who operate the government(정부를 이끄는 사람들)라는 뜻으로 쓰였기 때문입니다.

그 뒤에 콤마로 삽입된 from the grandest capitals to the small village where my father was born은 from A to B(A에서 B까지)가 중심이 된 표현으로, B에 있는 the small village where my father was born의 where는 관계부사이고 선행사는 the small village입니다. 참고로 오바마 대통령의 부친이 태어난 마을은 아프리카 케냐에 있습니다.

콤마 뒤의 know는 동사원형이니 명령문이 되는군요. 뒤에 and로 병렬된 두 개의 that절이 know의 목적어 역할을 하고 있습니다. 첫 번째 that절 안의 who는 주격 관계대명사로, 선행사는 a friend of의 뒤에서 병렬되어 있는 each nation and every man, woman, and child입니다.

> **구조 CHECK**
>
> {to all other peoples and governments (who are watching today,
>   s'   v'
> <from the grandest capitals to the small village (where my father was
>   s'   v'
> born)>)}, know {that America is a friend (of each nation and every
>   V   O   s'   v'   c'
> man, woman, and child [who seeks a future (of peace and dignity)])},
>   s'   v'   o'
> and {that we are ready to lead once more}.
>   O   s' v'   c'

영문법! 오바마에게 배워라

36 「타동사 + O + 전치사 + 명사」에서 O에 형용사구나 형용사절이 붙으면 「타동사 + 전치사 + 명사 + O」의 어순이 되기도 한다.

37 「타동사 + 부사 + O(명사)」 숙어 표현에서 목적어가 대명사인 경우에는 「타동사 + O(대명사) + 부사」의 어순이 된다.

#13

Recall that earlier generations faced down ¹fascism and communism ²not just with missiles and tanks, but with sturdy alliances and enduring convictions. They understood that our power alone cannot protect us, ³nor does it entitle us to do ⁴as we please. Instead, they knew that our power grows through its prudent use; our security emanates from the justness of our cause, the force of our example, the tempering qualities of humility and restraint.

앞선 세대가 미사일과 탱크뿐만 아니라 불굴의 동맹과 꺾이지 않는 신념으로 파시즘과 공산주의를 제압했던 사실을 떠올리십시오. 그분들은 힘만으로는 우리 자신을 보호할 수 없으며, 또한 힘만으로는 우리가 마음대로 할 수 있는 권한을 부여받지 못한다는 점을 이해하고 있었습니다. 대신 그분들은 힘은 신중히 사용할 때 더 커진다는 사실과 함께, 우리의 안보는 대의의 정당성과 본이 되는 힘, 그리고 겸허와 절제를 조정하는 자질에서 나온다는 사실을 알고 있었습니다.

WORDS & PHRASES

- recall 떠올리다, 기억해 내다
- fascism 파시즘
- communism 공산주의
- sturdy 불굴의, 완강한
- alliance 동맹
- enduring 불후의, 참을성 있는
- conviction 신념, 확신
- protect 보호하다, 지키다
- entitle O to do …에게 ~할 권한를 주다
  동사를 만드는 접두사 en + title(자격)
- instead 그 대신에, 그게 아니라
- prudent 사려 깊은, 신중한
- security 안보, 안전
- emanate from A A로부터 나오다
- justness 정당성
- cause 대의, 원인, 주장
- temper 조정하다, 완화하다
- humility 겸허함
- restraint 절제, 억제

1 fascism and communism

여기서 말하는 fascism(파시즘)은 제2차 세계대전 때 미국이 싸운 독일, 이탈리아, 일본을 말하며, communism은 동서냉전 시대의 소련이나 쿠바를 비롯한 모든 공산주의 국가를 말합니다.

2 not just with missiles and tanks, ~ enduring convictions

not just[only] A but (also) B는 'A뿐 아니라 B도'의 의미로, 지금까지 여러 번 나온 상관 표현이죠. 여기서도 A와 B에 똑같이 with로 시작하는 대등한 전치사구가 놓여 있습니다.

3 nor does it entitle us to do

이 부분도 복습이네요. nor(또한 …도 아니다) 뒤에 도치형이 이어지고 있군요. does it entitle …의 원래 모습은 it entitles …입니다. do/does를 사용하는 일반동사의 도치형에 주의하세요.

4 as we please

접속사 that과 함께 as의 용법이 참으로 중요합니다. 「as+S+please」(S 맘대로)는 매우 자주 사용하는 표현이므로 외워둡시다.

여기에서는 앞 단락의 we are ready to lead once more를 토대로 미국이 세계의 리더십을 얻기 위한 방법론을 어느 정도 구체적으로 말하고 있습니다. 그 가운데 오바마 대통령은 테러와의 싸움에서는 부시처럼 군사력에만 의지하지 않고 선인들처럼 동맹 관계와 신념으로 맞서겠다고 선언하고 있는 것입니다. 군사력을 배경으로 한 부시 행정부의 정책 실패를 가슴에 새기고 일관된 행동으로 미국을 다시 존경 받는 나라로 이끌어 가고 싶다는 큰 이상을 말하고 있는 셈이죠. 오바마 대통령의 이상을 집대성한 이 연설을 염두에 두고 앞으로 미국이 변화해 나가는 모습을 똑똑히 지켜봅시다.

영문법! 오바마에게 배워라

38 접속사 as의 용법은 매우 중요하다. 특히 「as + S + please」(S 맘대로)와 같은 용법을 기억하라.

#14

We are ¹ the keepers of this legacy. ² Guided by these principles once more, we can meet ³ those new threats that demand ⁴ even greater effort — even greater cooperation and understanding between nations. ⁵ We will begin to responsibly leave Iraq to its people, and forge a hard-earned peace in Afghanistan. With old friends and former foes, we will work tirelessly to lessen the nuclear threat, and roll back the specter of a warming planet.

We will not apologize for our way of life, ⁶ nor will we waver in its defense. And ⁷ for those who seek to advance their aims by inducing terror and slaughtering innocents, we say to you now that our spirit is stronger and can not be broken; you cannot outlast us, and we will defeat you. (Applause)

우리는 이러한 유산의 수호자들입니다. 다시 한 번 이러한 원칙들을 따라 나간다면, 우리는 각국 간 보다 큰 협력과 상호이해와 같은 더 큰 노력을 요하는 새로운 위협에 대처해 나갈 수 있을 것입니다. 우리는 이라크를 책임 있게 자국민에게 맡기고, 아프가니스탄에서는 어렵게 달성한 평화를 공고히 할 것입니다. 우리는 오랜 우방은 물론 과거의 적국들과도 함께 핵 위협을 감소시키고, 온난화 중인 지구의 망령을 쫓아내기 위해 부단히 노력할 것입니다.

우리는 우리의 삶의 방식에 대해 사과하지 않을 것이고 그러한 방식을 고수하는 데 주저하지도 않을 것입니다. 그리고 테러를 일으키고 무고한 시민들을 학살하여 자신들의 목표를 달성하려는 이들에게 지금 이렇게 전합니다. 우리의 정신력은 더 강력해져 깨어지지 않을 것이고, 당신들은 우리보다 오래가지 못할 것이며 우리가 당신들을 패배시킬 것이라고 말입니다.

WORDS & PHRASES

- legacy 유산
- principle 원칙, 신념
- threat 위협
- demand 요구하다, 필요로 하다
- effort 노력
- cooperation 협력
- responsibly 책임을 지고, 책임감 있게
- forge 공고히 하다, 구축하다
- hard-earned 힘들여 얻은, 필사적으로 획득한
- former 이전의
- foe 적
- tirelessly 부단히, 지칠 줄 모르고
- lessen 감소시키다
- nuclear 핵의
- roll back A A를 격퇴시키다
- specter 망령, 공포의 원인
- warming planet 온난화 중인 지구
- apologize for A A에 관해 사죄하다
- waver 주저하다, 망설이다
- defense 방어
- advance 진행시키다
- aim 목적
- induce 야기하다, 꾀다
- terror 공포. 테러
- slaughter 학살하다
- innocent 죄 없는 사람; 무죄인
- outlast …보다 오래 가다
- defeat …에 이기다, 무찌르다

1. the keepers of this legacy

여기서 말하는 this legacy란 앞 단락에서 말한 내용, 즉 '선인들의 신념'을 가리키고 있습니다. 그리고 다음 문장의 these principles도 마찬가지로 앞 단락의 내용을 가리키고 있습니다.

2. Guided by these principles ~ we can meet

이 영문의 구조는 「Guided ..., S+V」로 되어 있습니다. 이렇게 과거분사가 이끄는 구가 콤마와 함께 독립해 있는 경우는 분사구문입니다. 분사구문에 익숙지 않다면 꼭 확인하여 익혀 두세요.(←핵심문법 CLASS 6 참조)

3. those new threats that

이 that은 주격 관계대명사로, 뒤의 동사 demand의 주어 역할을 하면서 앞의 명사 threats를 수식하는 형용사절을 형성하고 있습니다. 또, those new threats의 those는 선행사를 명시하는 역할을 하고 있습니다. 단수라면 that, 복수라면 those가 명사 앞에 놓임으로써 그 명사가 선행사라는 것을 명확하게 나타내곤 하지요.

4 even greater cooperation ~ between nations

여기에서 even은 '심지어'가 아니라 '훨씬'과 같이 비교급 greater를 강조하고 있는 말입니다. 이렇게 비교급을 강조하는 표현에는 much, far, by far, a lot, a great deal, still, yet 등이 있는데, very는 비교급을 강조할 수 없다는 사실을 알아 두세요. 또 형용사 greater와 between nations의 형용사구는 모두 and로 병렬된 cooperation과 understanding 두 명사를 수식하고 있습니다. 여기에서는 막연히 '지금까지의 상황'과 비교하고 있기 때문에 than 이하를 굳이 언급하지 않고 생략하였습니다.

구조 CHECK

(Guided by these principles once more), we can meet those new
                                                        S   V   O
threats (that demand even greater effort, <even greater> cooperation and understanding <between nations>)

---

5 We will begin ~ a hard-earned peace in Afghanistan.

its people은 '이라크 국민'이며, 오바마 대통령이 지금까지 몇 번이나 말한 이라크에서의 미군 철수에 대해 언급하고 있습니다. 단, 뒷부분의 아프가니스탄에 대한 언급에서는 forge a hard-earned peace(어렵게 달성한 평화를 공고히 하다)라고 말하고 있군요. 여기서 말하는 hard-earned란 오바마 대통령이 공약으로 종종 말해 온 아프간에 대한 무력 개입을 말하는 것이겠지요.

6 nor will we waver

nor의 뒷부분은 도치형이 되며, '또한 …도 아니다'라는 뜻을 나타냅니다. 여기서도 will we waver …는 we will waver …가 원래의 모습이었겠지요.

7 for those who seek to advance ~ we will defeat you

those who …의 those는 '일반적인 사람들'이며, 뒷부분의 수식을 받아 '…라는 사람들'이라고 풀이된다는 것, by inducing terror and slaughtering innocents에서는 동명사구인 inducing terror와 slaughtering innocents가 and에 의해 전치사 by 뒤에 병렬되어 있다는 것, say to you now that our spirit is …는 「타동사+전치사+명사+부사+that+S+V」의 형태라는 것 등 앞서 배웠던 사항들을 복습해 둡시다.

여기서의 you는 물론 테러리스트를 말하며, 테러에 엄중히 대처하겠다는 것을 선언하고 있습니다. 국가의 사기를 북돋우는 이러한 발언 후에 환호성을 지르는 것은 예나 지금이나 변함없이 미국답군요.

39 even은 비교급 앞에 놓여 '훨씬'의 의미로 비교급을 강조한다.

#15

¹ For we know that our patchwork heritage is a strength, not a weakness. We are ² a nation of Christians and Muslims, Jews and Hindus — and non-believers. We are shaped by every language and culture, ³ drawn from every end of this Earth; and because we have tasted the bitter swill of civil war and segregation, and ⁴ emerged from that dark chapter stronger and more united, we ⁵ cannot help but believe that ⁶ the old hatreds shall someday pass; ⁵ that the lines of tribe shall soon dissolve; ⁵ that ⁷ as the world grows smaller, our common humanity ⁸ shall reveal itself; ⁵ and that America must play its role in ushering in a new era of peace.

우리의 다양한 유산은 약점이 아니라 강점이라는 사실을 우리는 알고 있기 때문입니다. 우리나라는 기독교도와 이슬람교도, 유태인과 힌두교도 및 무신론자들로 이루어진 국가입니다. 우리나라는 지구상 각 곳에서 온 모든 언어와 문화로 이루어져 있습니다. 내전과 인종차별의 쓰라림을 맛보았고, 또한 보다 강하고 단결된 모습으로 어두운 시기를 빠져나온 경험이 있기 때문에 우리는 해묵은 증오가 언젠가는 사라지고 종족간의 경계도 머지않아 사라질 것이며, 세계가 점점 작아짐에 따라 공동의 인류애가 저절로 모습을 드러낼 것이고 미국은 새로운 평화의 도래를 알리는 역할을 해야 한다고 믿지 않을 수 없습니다.

WORDS & PHRASES

- patchwork 패치워크, 긁어모은 것
- heritage 유산
- Christian 크리스천, 기독교도
- Muslim 이슬람교도
- Jew 유대교도
- Hindu 힌두교도
- non-believer 무신론자
- shape 모양 짓다. 만들다
- draw 끌어내다, 당기다
- bitter 쓴
- swill 찌꺼기, 사료
- civil war 내전
- segregation 인종차별, 인종분리정책
- emerge from A A에서 나오다
- chapter 시기, 장
- united 단결된, 연합한
- cannot help but do …하지 않을 수 없다
- hatred 증오, 혐오
- tribe 종족, 부족
- dissolve 사라지다, 녹다
- grow C C의 상태가 되다
- humanity 인류애, 인간성
- reveal oneself 모습을 나타내다
- play a role 역할을 하다
- usher in A A의 도래를 고하다
- era 시대

1. For we know that ~ is a strength, not a weakness.

첫머리의 For는 접속사로 이유를 나타내고 있습니다. not A but B(A가 아니라 B)라는 표현을 기억하고 있나요? 그것과 같은 뜻의 표현으로 B, not A(B이지 A가 아니다)가 있다는 것도 알아두세요. 즉, a strength, not a weakness는 not a weakness but a strength와 같다고 이해하면 됩니다.

our patchwork heritage에서 patchwork라는 비유 표현이 아주 뛰어나군요. 미국은 알다시피 다민족 국가이며 그것을 비유적으로 나타내는 표현으로는 melting pot, salad bowl 등이 있었는데, patchwork는 조각으로 보면 제각각이지만 전체적으로 보면 하나의 완성된 디자인을 구성하고 있다는 점, 그리고 한 땀 한 땀 정성껏 만들어 가는 예술 작품이라는 점에서 청중에게 좋은 이미지를 호소할 수 있는 성공적인 비유 표현이 아닐까요? 앞으로 다민족 국가 미국을 가리키는 대표적인 표현이 하나 더 생길지도 모르겠군요.

² a nation of Christians and Muslims, ~ non-believers

여기에서는 대표적인 종교가 거론되고 있군요. 그런데 유독, Buddhism (불교)이 언급되지 않은 이유는 무엇일까 하는 논의가 일고 있습니다. 만일 이유가 있어서 불교를 제외한 것이라면, 불교가 종교라기보다 철학의 성향이 짙기 때문에 제외한 것인지, 아니면 문맥상 종교적 대립을 넘어 하나가 되자는 것이기 때문에 애초에 싸움을 싫어하는(미국을 상대로 하는 싸움은 더더욱) 불교는 굳이 제외한 것인지, 그것도 아니라면 지나친 억측일 수도 있지만, 취임 자리에서 불교와 정치적 대립이라는 키워드를 나열함으로써 중국이 자행했던 티베트 불교 탄압과 그에 대한 저항이 일어날 것을 우려하여 중국을 배려한 것인지… 하지만 진상은 알 수 없고, 오바마 대통령이 직접 말할 일도 없겠지요. 단순한 누락이었을지도 모를 일이고요.

³ drawn

drawn은 과거분사로 being이 생략된 분사구문입니다.(←**핵심문법** CLASS 6 참조) 이 문장은 We are shaped by every language and culture, and we are drawn from every end of this Earth.로 바꾸어 쓸 수가 있겠군요. from every end of this Earth는 from every part of this Earth로 바꾸어 쓸 수 있으며 '이 지구상 모든 곳에서부터'라는 뜻이 됩니다.

⁴ emerged from that ~ stronger and more united

emerged from that dark chapter stronger and more united의 stronger and more united는 stronger 앞에 being이 생략된 분사구문으로 의미상으로는 결과를 나타내고 있습니다.(←**핵심문법** CLASS 6 참조)

5 cannot help but believe that

cannot help but do는 '…하지 않을 수 없다'라는 뜻의 매우 중요한 표현입니다. cannot help doing이나 cannot but do도 같은 의미라는 것을 함께 기억해 두세요.

또한 여기에서의 that은 believe의 목적어가 되고 있는 명사절을 이끄는 접속사입니다. 세미콜론(;)은 콤마 대용으로 쓰인 것인데, A; B; C; and D의 형태로 that절이 네 개 병렬되어 모두 believe의 목적어 역할을 한다는 것에 주의하세요.

6 the old hatreds shall someday pass

조동사 shall이 사용되고 있는데요, 3인칭 주어를 사용하여 엄숙하게 운명의 선언을 하는 경우에 효과적인 단어입니다. 뒤에 연이어 나오는 that절 안의 shall soon dissolve, shall reveal itself의 shall도 같은 경우에 해당합니다.

7 as the world grows smaller

이 as는 접속사로 비례의 뜻(…함에 따라)을 나타냅니다. grow smaller에도 주목해 주세요. grow는 형용사를 보어로 취할 수 있어 grow C로 'C의 상태가 되다'라는 뜻을 나타냅니다.(← 핵심문법 CLASS 2 참조) 또 여기에서는 smaller라는 비교급을 쓰고 있는데, 이렇게 as절의 내부에 비교 표현 등 '변화'를 뜻하는 내용이 있는 경우에는 as가 비례의 뜻이 되기 쉽다는 것을 꼭 기억해 둡시다.

8 shall reveal itself

「타동사+oneself」로 자동사와 같은 뜻을 나타낼 수 있는 경우가 있습니다. 여기에서 reveal은 '…을 나타내다'라는 뜻의 타동사이지만, reveal oneself가 되면 '…이 나타나다'가 됩니다. 원래 oneself는 '자기 자신, 그 자신'이라는 뜻이지만 '그 자신을 나타내다'라고 직역하면 이상한 번역이 되고 마니 주의하세요.

영문법! 오바마에게 배워라

40 not A but B(A가 아니라 B)는 B, not A라고 표현할 수도 있다.

41 cannot help but do = cannot help doing = cannot but do는 모두 '…하지 않을 수 없다'이다.

42 비례의 뜻을 나타내는 접속사 as를 알아두자.

43 「타동사 + oneself」는 자동사의 뜻이 될 수 있다.

#16

To the Muslim world, we seek a new way forward, <u>¹ based on mutual interest and mutual respect</u>. To <u>² those leaders around the globe who seek to sow conflict, or blame their society's ills on the West</u> — <u>³ know</u> that your people will judge you <u>⁴ on what you can build, not what you destroy</u>. (Applause)

To those, to these who cling to power through corruption and deceit and the silencing of dissent, <u>⁵ know that you are on the wrong side of history</u>; but that we will extend a hand if you are willing to unclench your fist. (Applause)

이슬람 세계에 고합니다. 우리는 상호 이익과 상호 존중에 의거하여 새로운 전진의 길을 모색하겠습니다. 분쟁의 씨앗을 뿌리거나 이슬람 사회의 병폐를 서구의 탓으로 돌리고자 하는 전 세계의 이슬람 지도자 여러분은 명심하십시오. 여러분의 국민들은 여러분이 파괴한 것이 아니라 건설한 것을 기초로 여러분을 판단할 것입니다.

부패와 협잡, 그리고 반대의 소리를 봉쇄하는 방법으로 정권에 집착하는 자들은 알아두십시오. 현재 당신들은 역사의 그릇된 쪽에 서 있습니다만, 거머쥔 손을 펼 용의가 있다면 우리는 기꺼이 손을 뻗겠습니다.

WORDS & PHRASES

- the Muslim world 이슬람 세계
- be based on A A에 의거하다
- mutual 상호의
- interest 이익, 흥미
- respect 존중
- globe 세계, 지구
- seek to do …하려고 노력하다
- sow …의 씨를 뿌리다
- conflict 분쟁, 대립
- blame A on B A를 B의 탓으로 하다
- cling to A A에 집착하다
- corruption 부패, 오염
- deceit 협잡, 기만
- silencing of dissent 반대 의견을 말하지 못하게 하는 것
- extend a hand 손을 뻗치다
- be willing to do …할 용의가 있다
- unclench one's fist 쥐고 있던 주먹을 풀다, 태도를 부드럽게 하다

1 based on mutual interest and mutual respect

이 부분의 based는 과거분사로, a new way forward를 수식하고 있습니다. based 앞에 관계대명사와 be동사, 즉 which is가 생략되어 있다고 생각하면 이해하기 쉽습니다.

2 those leaders around the globe ~ on the West

이 부분의 who는 관계대명사이고 선행사는 leaders입니다. around the globe는 leaders를 수식하는 형용사구로, 이렇게 「선행사+형용사구+관계사절」과 같이 관계사와 선행사가 떨어져 있는 경우에 주의하세요. 앞서 언급한 바 있지만, leaders 앞에 붙어 있는 those는 이른바 '선행사 명시' 역할을 하여 leaders가 who의 선행사임을 나타내고 있습니다.

3 know

이 부분은 명령문입니다. 실제 연설을 들을 때는 힘을 실은 억양과 끊어 말하

는 화법 덕분에 명령문이라는 것을 바로 알 수 있지만, 활자로 보는 경우라면 알아보기가 쉽지 않으니 주의하세요. 여기에서는 '미국에 대적하는 독재자'를 상대로 한 강한 어조의 명령문으로, 최후통첩처럼 쓰였습니다.

<u>4</u> on what you can build, not what you destroy

앞서 나온 바 있는 A, not B(B가 아니라 A = not B but A)를 떠올리세요. 여기에서는 what절이 A와 B 각각에 모두 들어가 있습니다. 이러한 상관 표현의 A, B에는 늘 같은 형태, 같은 역할을 하는 것이 놓인다는 원칙을 재차 확인해 두세요.

<u>5</u> know that you are on the wrong side ~ your fist

know의 목적어 역할을 하는 that절이 나열되어 있는데, 여기에서도 후반의 but에 주목해 주세요. 오바마 대통령의 시대가 되어도 미국은 독재정권과의 싸움을 계속해 나가겠다는 의사 표명이지만, 상대의 태도에 따라 손을 뻗을 수도 있다는 유연한 면을 강조하고 있습니다. 여기에서도 you는 테러 국가의 독재자를 나타내는 대명사가 되겠지요.

영문법! 오바마에게 배워라

44 선행사가 관계사와 분리되어 있는 경우에 주의하라.
45 선행사를 명시하는 those에 주의하라.

17

To the people of poor nations, we pledge to work alongside you ¹to make your farms flourish and let clean waters flow; ²to nourish starved bodies and feed hungry minds. And ³to those nations like ours that enjoy relative plenty, we say we can no longer afford indifference to suffering outside our borders; ⁴nor can we consume the world's resources without regard to effect. For the world has changed, and we must change with it.

가난한 국가의 국민들에게 맹세합니다. 우리는 여러분의 농장을 번성케 하고 깨끗한 물을 흐르게 하며, 굶주린 몸에 영양을 공급하고 허기진 마음에 양식을 공급하기 위해 당신들과 함께 일하겠습니다. 또한 우리처럼 비교적 부유하며 풍요로움을 누리는 국가에게 고합니다. 우리는 더 이상 국경 밖의 고통에 무관심할 수 없으며, 결과를 무시한 채 세계 자원을 낭비할 수도 없습니다. 세계는 변했고, 우리도 이에 발맞춰 변해야 하기 때문입니다.

WORDS & PHRASES

- pledge to do …할 것을 맹세하다
- alongside …와 함께
- flourish 번성하다
- flow 흐르다
- nourish …에 영양을 공급하다
- starved 배고픈, 굶주린
- feed …에 먹을 것을 주다
- relative 상대적인
- plenty 풍요로움, 윤택
- no longer 이제는 … 아니다
- afford (부정문에서) …하면 안 된다
- indifference to A A에 대한 무관심
- suffering 고통, 괴로움
- border 국경 outside our borders는 '국외'
- consume 낭비하다, 소비하다
- resources 자원
- without regard to A A를 무시하고, A를 고려하지 않고
- effect 결과, 효과

1 to make your farms flourish ~ clean waters flow

이 부정사는 목적을 나타내는 부사적 용법으로 사용되었습니다.(← **핵심문법** CLASS 8 참조) 또 부정사 안에서 and로 병렬되어 있는 make와 let은 사역동사로서 「make / let + O + 원형」의 형태로 'O에게 …하게 시키다'라는 뜻이지요. 그런데 같은 사역동사라도 make에는 '강제'의 이미지가, let에는 '허가'의 이미지가 있습니다. 예를 들어 make your farms flourish(농장을 번성케 하다)는 이쪽에서 적극적으로 진행시키는 것이므로 make를 쓰고 있지만, let clean waters flow(깨끗한 물이 흐르게 하다) 같은 경우는 물이 흐르는 것이 자연 현상으로 강제성이 약하기 때문에 let을 쓰는 게 자연스럽습니다.

2 to nourish starved bodies and feed hungry minds

이 부정사도 목적을 나타내는 부사적 용법으로, 앞의 부정사와 세미콜론으로 연결되어 있습니다.(← **핵심문법** CLASS 8 참조) bodies와 minds라는 목적어에 대해 nourish와 feed, starved와 hungry로 거의 같은 뜻의 다른 단어를 구분하여 사용하고 있군요. 밑줄 친 부분에서는 '가난한 국가의 사람들은 물리적인 면으로나 교육적인 면에서 부족한 것이 많은데 그것을 채워주는 것이 우리 미국의 사명이다'라는 이미지를 전달하고 있는 것이지요. 약간 고자세의 말투로 말이죠. 이런 면이 미국다운 것일까요?

3 to those nations like ours that enjoy relative plenty

여기서의 that은 주격 관계대명사로 선행사는 nations입니다. those는 앞에서 나온 바대로 선행사를 명시하는 역할이지요. ours는 소유대명사라고 하여 our nation(우리나라 = 미국)과 같이 「소유격 + 명사」를 대신합니다.

⁴ nor can we consume

여러 번 나온 nor가 또 등장했군요. '또한 …도 아니다'라는 뜻을 나타내며 그 뒤에는 도치형이 왔었지요. 여기서도 can we consume은 본래의 we can consume이 도치된 것이라는 데 주의하세요. 다의어인 regard를 사용한 숙어 표현 without regard to A에 대해서도 기억해 둡시다.

여기에서 오바마 대통령은 전 단락의 끝부분에서 말한 이슬람 세계나 미국에 대적하는 테러 국가에 대한 화해의 메시지를 토대로, 이슬람 전후 처리나 남북문제로 상징되는 제3세계 원조에 관해 언급하고 있습니다. To the Muslim, To those leaders, To those who, To the people과 같은 어구를 차례대로 첫머리에 사용하고 끝부분에 And to those nations를 사용함으로써, 연속한 5개의 영문이 A, B, C, D, and E로 깔끔하게 정리되어 있군요.

마지막의 the world has changed, and we must change with it의 부분에서 오바마 대통령의 대표 표현이 마침내 나왔군요. 이것으로 대통령이 되었다고 해도 과언이 아닌, 'change'의 등장 말입니다. 여기서도 '세계 정세는 이미 옛날과는 전혀 다르니 미국도 그 변화를 무시하지 말고 관심을 가집시다.'라는 메시지가 뚜렷하게 나타나 있습니다.

영문법! 오바마에게 배워라

46 부정사의 부사적 용법을 정리하자.

47 사역동사의 용법과 해석 방법에 주의하자.

48 다의어인 regard에 대해 정확히 알아두자.

#18

[1] As we consider the role that unfolds before us, [2] we remember with humble gratitude those brave Americans who, at this very hour, patrol far-off deserts and distant mountains. They have something to tell us, [3] just as the fallen heroes who lie in Arlington whisper through the ages.

[4] We honor them not only because they are guardians of our liberty, but because they embody the spirit of service — a willingness to find meaning in something greater than themselves.

우리 앞에 펼쳐진 임무를 곰곰이 생각하면서, 우리는 바로 이 순간에도 겸허히 감사를 표하며 머나먼 사막과 산악지대에서 순찰 중인 용감한 미국인들을 기억합니다. 알링턴에 잠들어 있는 영웅들이 시대를 아우르며 우리들에게 끊임없이 속삭여주듯, 저들도 우리에게 할 말이 있을 것입니다.
우리는 그들이 자유의 수호자이기 때문만이 아니라, 자신들보다 더 위대한 무언가에서 의미를 찾으려는 의지, 즉 봉사 정신을 몸소 보여주기에 그들에게 경의를 표합니다.

WORDS & PHRASES

- consider 곰곰이 생각하다, 숙고하다
- role 임무, 역할
- unfold 펼쳐지다, 펼치다
- humble 겸허한
- gratitude 감사
- brave 용감한
- far-off 멀리 떨어진
- distant 멀리 떨어진
- honor …에게 경의를 표하다, …에게 영광을 주다
- guardian 수호자, 지키는 자
- liberty 자유
- embody 구현하다, 구체화하다
- spirit of service 봉사 정신
- willingness to do …하려는 의지

1. As we consider the role that unfolds before us

이곳에서의 as는 '때'를 나타내는 접속사입니다. 그리고 that은 주격 관계대명사로, that unfolds before us가 바로 앞의 명사 role을 수식하는 형용사절을 형성하고 있습니다. As we consider the role that unfolds before us로 '우리 앞에 펼쳐진 임무를 생각할 때(생각하면서)'를 나타내지요.

여기서 백악관 공식판에는 role이라고 되어 있지만 몇몇 오바마 대통령 취임연설 관련 책에는 road라고 되어 있습니다. 필시 스피치 직후 음성만을 듣고 연설을 녹취할 때 road라고 잘못 받아쓴 것이 아닌가 싶습니다. 분명 실제 오바마 연설의 해당 부분을 들어보아도 어미의 소리가 사라져버려서 파악하기 어렵게 되어 있습니다.

이번 원고를 체크해 주신 벨튼 선생님께서 확인해 주신 결과, 일단 눈으로 읽어보셨을 때는 "아마 role이 맞을 겁니다. 미국식 악센트로는 road의 d가 거의 안 들리기 때문에 role과 비슷하게 이해될 수가 있지요. road란 단어는 미국 기자들이 취임연설 직후에 작성한 사본에서 비롯된 게 아닌가 싶군요. role과 road 두 단어 모두 문장의 전체적인 뉘앙스에는 맞지만, 내 생각엔 아무래도 role이 더 부합되지 않나 싶습니다."라는 회답을 보내오셨고, 연설을 직접 들어보신 후에는 "직접 들어보니 role이 분명하군요." 하고 확답을 주셨습니다.

2. we remember with humble gratitude ~ mountains

여기에서는 타동사 remember의 목적어가 those brave Americans임에 주의하세요. 보통은 「타동사+O+전치사+A(명사)」의 어순이 되지만 with humble gratitude라는 부사구가 삽입되어 「타동사+전치사+A(명사)+O」가 되었습니다.

또한 이 문장의 who는 주격 관계대명사이며 who … mountains까지가 those brave Americans를 수식하는 형용사절이라는 것에도 주의하세요. 이렇게 목적어에 형용사구나 형용사절이 붙은 경우 「타동사+전치사+A(명사)+O+형용사구/절」이 되는 경우가 많다는 것을 기억합시다.

그리고 주어 역할을 하는 who와 술어 동사 patrol 사이에 at this very hour 라는 부사구가 삽입되어 있는 것에도 주의를 기울여야 합니다. 원래는 who patrol far-off deserts and distant mountains at this very hour의 어순이 되지만 at this very hour라는 부사구가 수식하는 동사 patrol 가까이로 이동한 것입니다.

3 just as the fallen heroes ~ whisper through the ages

just as의 as는 '…하듯, …처럼'의 의미를 나타내는 접속사입니다. 절 안에서 주어는 heroes, 술어 동사는 whisper라는 것을 파악했나요? who는 주격 관계대명사로 who … Arlington이 명사 heroes를 수식하는 형용사절을 이루고 있습니다. 주어와 술어 동사 사이에 형용사절이 들어간 이 패턴은 S와 V의 파악이 쉽지 않기 때문에 특히나 주의해야 합니다.(← **핵심문법** CLASS 11 참조)

여기서 Arlington은 '알링턴 국립묘지'이며, 미국을 위해 전사한 병사가 잠들어 있는 곳입니다.

4 We honor ~ something greater than themselves.

먼저 여기에서의 them이나 they는 the fallen heroes who lie in Arlington 이고, not only A but (also) B(A뿐 아니라 B도)는 상관 표현으로, A와 B 에 because절이 들어가 있는 구조라는 것을 확실히 파악해 두세요.

not only A but (also) B에서는 필자나 화자가 특히 말하고 싶은 것이 B에 오기 때문에, 여기서 오바마 대통령이 말하고 싶은 것은 이런 용사들이 the spirit of service(봉사의 정신)를 몸소 보여준 것이며, the spirit of service를 뒤에서 더 구체적으로 a willingness to find meaning in something greater than themselves(자신들보다 더 위대한 무언가에서 의미를 찾으려는 의지)라고 설명하고 있습니다.

이렇게 이 절에서는 가장 말하고 싶은 내용을 앞으로 보냄으로써 청중에게 강한 인상을 남기려 하고 있군요. 청중을 지루하지 않게 하는 연설 테크닉이 돋보이고 있습니다.

영문법! 오바마에게 배워라

49 「타동사 + 부사구 + O + 형용사구/절」의 어순에 주의하라.

50 「just as + S + V」는 '…하듯, …처럼'의 뜻이다.

#19

¹ And yet, at this moment — a moment that will define a generation — it is precisely this spirit that must inhabit us all. ² For as much as government can do, and must do, ³ it is ultimately the faith and determination of the American people upon which this nation relies. ⁴ It is the kindness to take in a stranger when the levees break, the selflessness of workers who would rather cut their hours than see a friend lose their job which sees us through our darkest hours. ⁵ It is the firefighter's courage to storm a stairway filled with smoke, but also a parent's willingness to nurture a child that finally decides our fate.

그리고 한 세대를 규정 지을 바로 이 순간, 우리 모두에게 깃들어야 할 정신이야 말로 정확히 이 봉사정신입니다. 정부는 많은 일을 할 수 있고 또 해야만 하지만, 우리나라가 의존하는 것은 궁극적으로 미국인들의 신념과 결단이기 때문입니다. 제방이 무너졌을 때 낯선 이를 집에 들이는 친절함이나 동료가 실직하는 걸 보느니 자신의 근로시간을 단축하는 근로자들의 사심 없는 마음이 우리로 하여금 가장 어두운 시간을 극복할 수 있게 하는 것들입니다. 결국 우리의 운명을 결정하는 것은 연기로 가득 찬 계단에 뛰어드는 소방대원의 용기뿐 아니라 아이를 양육하려는 부모의 의지이기도 합니다.

WORDS & PHRASES

- define 규정 짓다, 정의하다
- precisely 정확히, 정말로
- inhabit …에 깃들다, …에 살다
- ultimately 궁극적으로, 결국
- faith 신념
- determination 결단, 결의
- rely on A A에게 의존하다
- take in A A를 받아들이다
- levee 제방
- selflessness 사심이 없음
- firefighter 소방대원
- storm 돌진하다; 폭풍
- stairway 계단
- be filled with A A로 가득 차다
- nurture 기르다
- finally 결국, 최종적으로
- decide 결정하다
- fate 운명

1. And yet, at this moment ~ that must inhabit us all.

여기에서부터 오바마 대통령이 말하고 싶은 것이 시작된다고 이해해도 좋습니다. 대시 뒤에 있는 a moment that will define a generation은 앞의 this moment를 바꾸어 말한 표현이며, that은 주격 관계대명사이고 선행사는 a moment입니다.

전체적으로는 it is ... that 강조구문으로, must inhabit의 주어인 this spirit을 강조하고 있습니다. 강조구문은 it is ... that이라는 구조를 만들어 두고 '...' 부분에 강조해야 할 요소를 넣어 완성하는 표현법입니다. 아래에 도식으로 설명해 두었으니 참고하세요. (← **핵심문법** CLASS 13 참조)

```
원문: this spirit must inhabit us all
       S         V       O
   ↓ S의 this spirit을 강조
It is this spirit that must inhabit us all.
              S            V       O
```

여기서 오바마 대통령은 '방금 용사의 봉사 정신에 감사한다고 말했지만 남의 일처럼 생각하지 맙시다.'라고 하고 있는 것입니다.

2. For as much as government can do and must do

첫머리의 For는 접속사로 '이유'를 나타내고 있습니다. 그 뒤에 있는 as much as가 난해한데, 이 또한 접속사로 '…이지만'과 같이 '양보'를 나타냅니다. 보통 양보를 나타낼 때는 「as + 형용사 / 부사 / 명사 + as + S + V」의 형태로 쓰며, 여기서도 「as much as + S + V ...」의 형태를 취했군요. 앞의 as는 없어도 같은 의미가 됩니다. as much as government can do, and must do 는 '정부는 많은 일을 할 수 있고 또 해야만 하지만'이라는 뜻이 됩니다.

3. it is ultimately the faith ~ which this nation relies

여기서의 it is ... upon which ~도 강조구문이라고 생각하면 됩니다. 강조하고자 하는 것이 사물이면 which, 사람이면 who를 that 대신 사용할 수 있습니다. 원래 this nation relies upon the faith and determination of the American people(이 나라는 미국인들의 신념과 결단에 의존하고 있다) 이라는 문장에서 the faith and determination of the American people을 it is ... which로 강조하면(← **핵심문법** CLASS 13 참조) It is the faith and determination of the American people which this nation relies upon 이라는 형태가 되고, 여기에서 upon을 which의 앞으로 옮긴 것이 이 문장이지요. 관계사절이나 강조구문에서 문장 끝의 전치사를 관계사나 강조구문의 접속사 앞으로 옮겨 쓰기도 한다는 것을 알아두세요.

⁴ It is the kindness ~ through our darkest hours.

이 부분도 어렵군요. 먼저 첫머리의 It is와 뒤의 which로 강조구문을 형성하고 있다는 것을 눈치 챘나요?(← 핵심문법 CLASS 13 참조) 여기에서는 강조되고 있는 것이 the kindness ...와 그것과 콤마로 나열되어 있는 the selflessness ...로서, 매우 길기 때문에 복잡한 영문이 되었습니다. 이렇게 강조하는 어구가 길어지면 강조구문이라는 것을 알아보기 어려워지기 때문에 주의해야 합니다.

to take in a stranger는 부정사의 형용사적 용법이며, who는 주격 관계대명사로 workers를 수식하고 있다는 것, would rather do ... than do ~(~보다 오히려 …하다)라는 표현을 사용하고 있다는 것, see a friend lose는 「지각동사+O+동사원형」으로 'O가 …하는 것을 보다'의 뜻이 된다는 것을 파악하는 것이 중요합니다. see A through B(A에게 B를 극복하게 하다)라는 표현도 기억해 두세요.

결국 오바마 대통령은 this spirit(봉사 정신)이란 국가에 봉사하여 자신의 목숨을 희생하지 않아도, 역사적 경제 위기(= our darkest hours) 속에서 예를 들면, 업무 분담 등으로 상대를 배려하고 자신을 희생하는 것이라고 하고 있군요. 할 수 있는 것부터 차근차근 해나가는 것이 미국 경제를 다시 일으키기 위해 필요한 것이라고 설명하고 있습니다.

⁵ It is the firefighter's courage ~ decides our fate.

여기에서도 It is ... that의 강조구문이 등장했습니다.(← 핵심문법 CLASS 13 참조) the firefighter's courage ...와 but also의 뒤에 있는 a parent's willingness ...라는 두 개의 명사구가 강조되고 있는데, 이 부분의 but also

에 주목해 주세요. not only A but (also) B(A뿐 아니라 B도)라는 상관 표현은 지금까지 여러 번 나왔지만, 여기에서는 오로지 but also로만 되어 있군요. not only가 표기되지 않는 경우도 있다는 것을 체험하였으니 반드시 기억해 두기 바랍니다.

영문법! 오바마에게 배워라

51 「as much as + S + V」는 '양보'의 뜻을 나타내기도 한다.

52 「It is ... + 전치사 + which ~」 형태의 강조구문에 주의하라!

#20

Our challenges may be new. [1] The instruments with which we meet them may be new. [2] But those values upon which our success depends — honesty and hard work, courage and fair play, tolerance and curiosity, loyalty and patriotism — these things are old. These things are true. They have been the quiet force of progress throughout our history.

[3] What is demanded, then, is a return to these truths. [4] What is required of us now is a new era of responsibility — [5] a recognition on the part of every American that we have duties to ourselves, our nation, and the world, [6] duties that we do not grudgingly accept but rather seize gladly, firm in the knowledge that there is nothing so satisfying to the spirit, so defining of our character, than giving our all to a difficult task.

우리 앞에 놓인 도전들은 새로운 것일 수도 있습니다. 이에 대처하는 수단도 새로운 것일 수 있습니다. 하지만 우리의 성공이 달려 있는 정직과 근면, 용기와 페어플레이 정신, 관용과 호기심, 충성심과 애국심 등의 가치 기준은 오래된 것입니다. 이러한 가치 기준은 진리이고 역사를 통해 진보의 조용한 힘이 되어 왔습니다.

그렇다면, 요구되는 것은 바로 이런 진리로 되돌아가는 것입니다. 지금 우리에게 필요한 것은 새 시대의 책임감, 즉 모든 미국인들이 자기의 자리에서, 자신과 국가와 전 세계에 의무를 지니고 있다는 것을 인식하는 것입니다. 여기서 의무란 마지못해 받아들이는 의무가 아니라, 어려운 책무에 우리의 모든 것을 내맡기는 것만큼 우리의 정신을 만족시키고 우리의 기질을 정의해 주는 건 없다는 것을 확실히 알기에 오히려 기꺼이 받아들이는 의무를 말합니다.

WORDS & PHRASES

- **challenge** 도전
- **instrument** 수단, 도구
- **values** 가치 기준, 가치
- **depend on A** A에 달려 있다, A에 의지하다
- **courage** 용기
- **fair play** 페어플레이 정신, 공정한 태도
- **tolerance** 관용
- **curiosity** 호기심
- **loyalty** 충성심
- **patriotism** 애국심
- **force** 힘
- **progress** 진보
- **be required of A** A에게 요구되다
- **era** 시대
- **responsibility** 책임
- **recognition** 인식, 인지
- **duty** 의무
- **grudgingly** 마지못해
- **accept** 받아들이다
- **seize** 붙잡다, 움켜쥐다
- **firm** 견고한, 굳은
- **satisfying** 만족시키는
- **defining** 정의 내리는
- **character** 기질, 성격
- **task** 책무, 일

1. The instruments ~ we meet them may be new.

이 부분의 with which we meet them은 「전치사+관계대명사+S+V」로, 명사 instruments를 수식하는 형용사절입니다. them은 바로 앞 문장의 our challenges를 가리키는 대명사이고요.

2. But those values ~ these things are old.

이 문장도 어렵습니다. those values의 동격 역할을 하고 있는 것이 honesty and hard work, courage and fair play, tolerance and curiosity, loyalty and patriotism이며, 그것을 뒤의 these things가 가리키고 있다는 것을 알아채야 합니다. 이번 오바마 대통령 연설에서는 동격이 들어감으로써 문장 구조가 어려워지는 경우가 종종 보이는군요. 또 those values에는 upon which our success depends라는 「전치사+관계대명사+S+V」의 형용사절

이 뒤따르고 있습니다.

내용면에서는 첫머리의 역접을 나타내는 But에 주목해 주세요. 이때까지의 내용인 '과제나 대처법은 새롭다'와 대조적인 내용으로, '우리의 성공을 좌우하는 가치관은 오래된 것이다'가 오바마 대통령이 말하고 싶은 내용이라고 파악해야 합니다. 또한 그 오래된 가치관을 하이픈 뒤에 구체적으로 설명하고 있다고 이해하면 어렵지 않게 전체가 보입니다.

3 What is demanded, then, is a return to these truths.

이 What은 관계사로, 뒤에 있는 is demanded의 주어 역할을 하면서 What is demanded 자체가 다시 한 번 명사절을 이루어 그 뒤에 있는 is의 주어 역할을 하고 있습니다.(← 핵심문법 CLASS 10 참조) 여기서의 then은 앞 단락의 내용, 그러니까 '새로운 과제이기는 하지만 그 대처법은 오래된 가치 기준에 기초를 두고 있다'는 내용을 받아, '그렇다면 그러한 오래된 가치 기준으로 되돌아갈 필요가 있다'고 말하고 있습니다. 이 these truths는 앞 단락의 These things are true.를 가리키고 있다는 것을 알아둡시다.

4 What is required of us now is

앞서 설명한 3의 경우와 같은 구조를 보이고 있네요. 이 부분의 What은 뒤에 있는 is required의 주어 역할을 하면서 What is required of us now라는 명사절을 이끌고, 그 명사절 자체가 is의 주어 역할을 하고 있습니다.(← 핵심문법 CLASS 10 참조)

5 a recognition on the part of every American that

that은 명사 a recognition의 내용을 설명하기 위한 동격절을 이끄는 접속사입니다.(← **핵심문법** CLASS 5 참조) 단, on the part of every American이 삽입됨으로써 설명하려는 해당 명사와 동격절의 거리가 멀어져 전체의 구조를 이해하기가 쉽지 않으니 다음의 구조를 보며 확인해 둡시다.

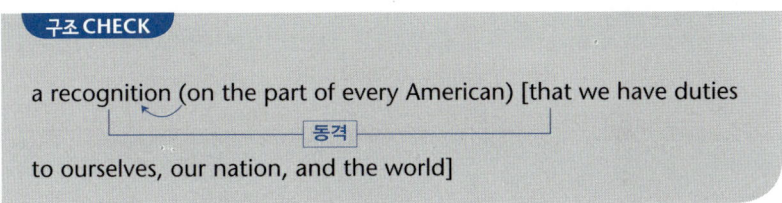

6 duties that we do ~ giving our all to a difficult task

이 that은 목적격 관계대명사로, 마지막의 a difficult task까지 함께 형용사절을 이루어 선행사인 duties를 수식하고 있습니다. duties that ...은 앞에 나와 있는 duties to를 바꾸어 말한 것이지요. '…하는 의무'로 같은 의미입니다.

이 that절 안이 매우 복잡합니다. 먼저 not A but rather B로 'A가 아니라 차라리 B'를 표현하고 있는데, A와 B에 각각 grudgingly accept와 seize gladly가 들어가고 '마지못해서 받아들이는 것이 아니라 기꺼이 받아들여야 할 의무'라는 뜻을 전달하고 있음을 파악해야 합니다. 또 형용사 firm 앞에 분사구문의 being이 생략되어 있다는 것을 알아두세요. 「being firm in the knowledge that +S +V」는 '…라는 지식에 있어 확고하여', 즉 '…을 확실히 알기에'라는 뜻이 됩니다. 이 부분의 that절은 앞의 명사 knowledge의 구체적인 내용을 설명하는 동격절이라는 것도 주의하세요.

그리고 「there is nothing so + 형용사 + than A」는 'A만큼 …한 것은 없다' 즉, 'A가 가장 …한 것이다'라는 최상급에 해당하는 표현을 나타내고 있군요. 보통 nothing 뒤에서 「so + 형용사 + as A」가 되는 경우가 많은데 여기에서는 than이 as를 대신하여 쓰인 경우입니다. 앞의 rather와 함께 rather A than B(B보다는 차라리 A) 용법이라고 잘못 파악하지 않도록 주의합시다.

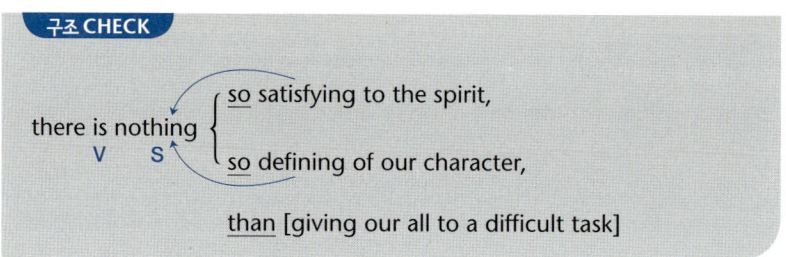

이 부분에서 오바마 대통령은 오래 전의 진정한 가치관으로 되돌아가는 것이야말로 난국을 헤쳐 나가는 열쇠라고 청중에게 호소하고 있습니다. 어느 나라나 '예전이 좋았는데…' 하며 그리워하는 정치가가 많은가 봅니다.

영문법! 오바마에게 배워라

53 앞에 있는 명사를 수식하는 「전치사 + 관계대명사절」에 주의하라.

54 명사와 동격의 that 사이에 형용사구가 삽입되어 있는 경우에 주의하라.

55 「there is nothing so + 형용사 + as / than A」는 'A만큼 …한 것은 없다'로, 최상급 표현이다.

#21

¹ This is the price and the promise of citizenship. ² This is the source of our confidence — the knowledge that God calls on us to shape an uncertain destiny. ³ This is the meaning of our liberty and our creed, why men and women and children of every race and every faith can join in celebration across ⁴ this magnificent mall, and why ⁵ a man whose father less than sixty years ago might not have been served at a local restaurant can now stand before you to take ⁶ a most sacred oath. (Applause)

이것이 바로 시민권에 대한 대가이자 약속입니다. 이것이 우리 자신감의 원천입니다. 신께서 우리에게 불확실한 운명을 구체화하라고 요구했음을 아는 것 말입니다. 이것이 바로 우리의 자유와 신조의 의미이자, 인종과 신념에 상관없이 남녀노소가 이 거대한 몰에서 축하 행사에 참석할 있는 근거이며, 60년도 안 되는 과거에는 동네 식당조차 출입할 수 없었던 사람을 아버지로 둔 제가 여러분들 앞에 서서 참으로 신성한 선서를 할 수 있게 된 이유입니다.

WORDS & PHRASES

- □ **citizenship** 시민권, 시민의 자격
- □ **source** 원천
- □ **confidence** 자신감
- □ **call on A to do** A에게 …하도록 요구하다
- □ **shape** 구체화하다, 만들다
- □ **uncertain** 불확실한
- □ **destiny** 운명
- □ **liberty** 자유
- □ **creed** 신조
- □ **race** 인종
- □ **join** 참가하다
- □ **celebration** 축하, 축하 행사
- □ **magnificent** 거대한, 장엄한
- □ **serve** …에게 식사를 내다
- □ **local** 고장의, 지방의
- □ **sacred** 신성한, 숭고한

1 This

이 This는 앞 단락의 내용인 '미국인으로서 안고 있는 책임'을 가리키며 '이 책임을 완수하는 것이야말로 미국 국민이 지불해야 할 대가이자 지켜야 할 약속'이라고 말하고 있습니다.

2 This is the source of our confidence ~ destiny.

이 This도 앞에 있는 This와 마찬가지로 앞 단락의 내용을 가리키고 있지만, 대시 뒤에서 the knowledge that ... destiny라고 대치되어 있는 것에 주의하세요. knowledge that의 that은 동격절을 이끄는 접속사입니다.(← **핵심문법** CLASS 5 참조) call on A to do는 'A에게 …하도록 요구하다'라는 뜻이고요.

3 This

이 This 또한 앞 단락의 내용을 가리키고 있습니다. 콤마 뒤에서 and로 병렬된 두 개의 why절은 앞 문장을 받아 그 결과를 제시하고 있다고 보면 됩니다.

4 this magnificent mall

이 mall은 오바마 대통령이 취임연설을 했던 내셔널 몰을 말합니다.

5 a man whose father ~ at a local restaurant

소유격 관계대명사 whose는 선행사와 whose 바로 다음의 명사를 소유격 관계로 연결하면서 관계절 전체를 형용사절로 만드는 역할을 합니다. 여기서도 선행사인 a man과 whose 바로 뒤의 명사 father는, a man's father라는 관계에 있지요. 물론 여기서 a man이란 오바마 대통령을 말하며, 자신의 아버지가 60년쯤 전만 해도 인종차별 때문에 식당에서 식사를 하지 못할 수도 있는 입장이었다는 뜻의 이야기를 하고 있습니다. 단, 여기에서는 차별 그 자체를 비난하고자 하는 것이 아니라, 그런 차별의 대상이 되었던 인물도 이렇게 대통령이 될 수 있다는 것 자체가 미국의 훌륭한 면이라고 말하고 있는 것입니다.

또한, 여기서의 might not have been served는 가정법 과거완료의 주절 부분으로, less than sixty years ago라는 부사구가 if절 대신 사용되었군요. 일반적으로 '가정법' 하면 if절을 떠올리고 실제로 가장 많이 쓰이긴 하지만, 그 외에도 if절을 대신하는 것이 다양하니 꼭 알아두세요.(← **핵심문법** CLASS 14참조) 의미상 이 부문의 가정법은 매우 중요합니다. 만약 가정법이 아니라 과거형 was not served라고 말했다면 실제로 오바마 대통령의 아버지가 차별 당했다는 뜻이지만, 조동사의 과거형과 완료형을 사용하였기에 실제로 차별 당한 사실은 없다는 말이 되지요. 이렇게 미묘한 표현을 사용하면서까지 '미국의 흑인 차별'에 관해 약하게 표현하고 있는 점이 흥미롭군요.

⁶ a most sacred oath

most는 very처럼 '매우' 하고 강조하는 용도로도 사용할 수 있습니다. 앞에 the 대신 a가 붙은 것으로 보아 sacred의 최상급을 표현하는 것이 아니라는 것을 알 수 있지요. 따라서 a most sacred oath는 '매우 숭고한 선서'라는 뜻인데, 물론 그것은 바로 이 '대통령 취임연설'을 말합니다.

영문법! 오바마에게 배워라

56 소유격 관계대명사 whose는 바로 앞의 선행사와 바로 뒤의 명사를 소유격 관계로 연결한다.

57 if절 외에도 가정법을 나타내는 표현은 다양하다.

#22

So [1]let us mark this day [2]with remembrance, of who we are and how far we have traveled. In the year of America's birth, in the coldest of months, a small band of patriots huddled by [3]dying campfires on the shores of an icy river. The capital was abandoned. The enemy was advancing. The snow was stained with blood. At a moment when the outcome of our revolution was most in doubt, [4]the father of our nation ordered these words be read to the people:

우리는 누구이며 그간의 여정이 얼마나 길었는지를 기억하면서 오늘을 새겨 둡시다. 미국이 건국되던 해, 혹한의 겨울철에도 자그마한 한 무리의 애국자들은 얼어붙은 강기슭의 꺼져 가는 모닥불 옆에 모여들었습니다. 수도는 버려졌고 적군은 전진하고 있었습니다. 눈은 피로 물들었습니다. 혁명의 결과에 대해 가장 의심하던 그 순간, 건국의 아버지는 국민들에게 다음과 같은 말을 읽게 하였습니다.

WORDS & PHRASES

- mark 마음에 새기다, …에 표시를 하다
- remembrance 기억
- a band of A A의 무리
- patriot 애국자
- huddle (떼 지어) 몰리다
- shore 기슭, 해안
- capital 수도
- abandon 버리다
- enemy 적
- advance 전진하다
- stain 더럽히다
- blood 피
- outcome 결과
- in doubt 의심하는

1 let us mark

앞서 말한 바 있는 사역동사의 let이 또 등장했군요. 「let+O+동사원형」은 'O에게 …하게 하다'와 같이 '허가'의 느낌을 갖고 있는 표현입니다. 그런데 O 자리에 us가 들어간 「let us+동사원형」의 형태는 「let's+동사원형」으로 줄여 쓸 수 있고, 이때는 '허가'보다는 '제안·권유' 등을 나타냅니다. '…하자'가 되는 것이지요.

2 with remembrance, of ~ how far we have traveled

of의 뒤에는 who we are(우리가 누구인가)와 how far we have traveled(우리가 얼마나 멀리 여행을 해왔는지)라는 두 개의 명사절이 and로 병렬되어 있군요. 이때 who는 관계대명사가 아니라 의문사입니다.

3 dying campfires

dying은 현재분사로서 뒤의 명사 campfires를 수식하고 있습니다.(← 핵심문법 CLASS 1 참조) 원래 '죽어가는'이라는 뜻이지만 campfires(모닥불)를 수식하고 있기 때문에 '꺼져가고 있는, 당장에라도 꺼질 것 같은'으로 보는 것이 자연스럽습니다.

4 the father of our nation

the father of our nation(건국의 아버지)이란 초대 대통령인 조지 워싱턴 대통령을 말합니다. 여기에서는 독립전쟁 때 영국으로부터의 독립을 지지한 patriots(애국파)와 독립을 저지하려고 하는 royalists(영국파)와의 싸움에 대해 언급하고 있으며, 워싱턴 대통령은 다음에 나오는 토마스 페인(Thomas

Paine)의 "미국의 위기(The Crisis)"의 한 구절을 읽고 병사를 고무했다고 합니다.

지금 미국은 경제 위기에 빠져 있습니다. 오바마 대통령도 연설에서 토마스 페인의 한 구절을 언급함으로써, 미국 독립이라는 역사적 위업을 되새기며 국민의 마음을 고무하려는 의도를 짐작할 수 있습니다. 이 부분도 연설의 내용 중 매우 뛰어난 부분이군요.

영문법! 오바마에게 배워라

58 「let us + 동사원형」은 「let's + 동사원형」으로 줄여 쓸 수 있고, 이는 '제안·권유'를 나타낸다.

59 명사절을 이끄는 의문사 who에 주의하라.

#23

"[1] Let it be told to the future world … that in the depth of winter, [2] when nothing but hope and virtue could survive … that [3] the city and the country, alarmed at one common danger, came forth to meet it."

America: In the face of our common dangers, in this winter of our hardship, [4] let us remember these timeless words. With hope and virtue, [5] let us brave once more the icy currents, and endure [6] what storms may come. [7] Let it be said by our children's children that when we were tested we refused to let this journey end, that we did not turn back nor did we falter; and with eyes fixed on the horizon and God's grace upon us, we carried forth that great gift of freedom and delivered it safely to future generations.

Thank you. [8] God bless you. And God bless the United States of America. (Applause)

"희망과 미덕 외에는 그 무엇도 살아남기 힘든 엄동설한 속에서도 공동의 위험에 놀란 도시와 농촌이 그에 맞서기 위해 나섰다는 사실을 후세에 들려줍시다."
미국이여, 공동의 위험에도 불구하고, 역경 속의 올 겨울, 이 불멸의 구절들을 기억하도록 합시다. 희망과 미덕을 가지고 혹한의 기류에 다시 한 번 용감히 맞섭시다. 그리고 어떤 폭풍우가 다가오더라도 참고 견딥시다. 우리 손자손녀들로 하여금, 우리가 시험에 들었을 때도 이 여정을 중단하지 않았고 결코 되돌아가거나 머뭇거리지도 않았다고 말할 수 있게 합시다. 그리고 신의 은총 속에 지평선을 응시하면서, 자유라는 위대한 선물을 보전하여 후세에 안전히 전달하였다고 말할 수 있게 합시다.
감사합니다. 여러분과 미국에 신의 가호가 있기를 기원합니다.

WORDS & PHRASES

- virtue 미덕
- survive 생존하다
- be alarmed at A A에 놀라다
- common 공동의
- come forth to do …하기 위해 앞으로 나오다
- in the face of A A에도 불구하고
- hardship 역경, 고난
- timeless 불멸의, 시대를 초월한
- brave …에 용감히 맞서다; 용감한
- current 기류, 흐름
- endure 견디다
- test …에게 시련을 주다
- refuse to do …하는 것을 거부하다
- falter 머뭇거리다, 움츠러들다
- fix 고정하다
- grace 은총, 은혜
- deliver 전달하다
- God bless A. A에게 신의 가호가 있기를.

1. Let it be told to the future world ... that

사역동사 let이 또 등장했군요. 사역동사는 「let + O + 동사원형」의 순서를 취하는데, 여기에서는 명령문 Tell it to the future world …가 수동태로 바뀐 채, 동사원형의 자리에 들어가 있습니다. 즉, '…이 후세에 말하여지도록(= 들리도록) 합시다'라는 의미가 되는 것이지요.

또한 O에 해당하는 it에 주목해 주세요. 이 it은 목적어가 너무 길어 뒤로 넘기고 난 자리에 형식적으로 써준 가짜 목적어로서, 뒤에 나오는 두 개의 that 절을 가리키고 있습니다.

2 when nothing but hope and virtue could survive

nothing but A는 'A 이외에는 아무것도 아니다', 즉 '실로 A다'라는 뜻으로, 여기에서의 but은 우리가 알고 있었던 역접의 접속사와는 달리 '… 이외에, …을 제외하고'라는 뜻의 전치사라는 것을 알아둡시다. 여기서 but을 접속사로 보면 이 문장의 구조를 파악할 수 없게 됩니다. 간단한 단어일수록 해석을 방해하는 요소가 될 수 있으니 주의하세요.

3 the city and the country, ~ came forth to meet it

여기에서 alarmed는 과거분사이며 being이 생략된 분사구문의 역할을 하고 있습니다.(← **핵심문법** CLASS 6 참조) 전후의 콤마에 주의하여, the city and the country가 주어이며 came forth to …가 술어 동사임을 간파하는 것이 중요합니다.

4 let us remember these timeless words

되풀이하지만, let은 사역동사로, 「let + O + 동사원형」의 구조로 사용합니다. 그 뒤의 these timeless words는 바로 앞에 언급된, 시대를 초월하여 지금도 우리들에게 힘이나 희망을 주는 토마스 페인의 한 구절을 가리킵니다.

오바마 대통령은, 미국 건국 당시 독립전쟁의 위기 속에서 초대 대통령이 될 남자가 병사에게 들려주었던 한 구절을 오랜 시간을 뛰어넘은 지금, 현대 미국이 안고 있는 위기에 적용시켜 청중에게 들려주고 있습니다. 이 연설의 끝부분에 너무나도 어울리는 명문장이군요.

5 let us brave once more the icy currents, and endure

'제안·권유'를 나타내는 「let us + 동사원형」의 표현을 사용하고 있으며, brave와 endure라는 두 개의 동사원형이 병렬되어 있습니다. brave는 타동사로 뒤의 the icy currents를 목적어로 삼고 있지만, 그 사이에 once more 라는 부사가 들어가 있기 때문에 자칫하면 VO의 구조를 파악하는 데 어려움이 있을 수 있으니 주의하세요.

6 what storms may come

이 what은 뒤의 명사 storms를 수식하는 의문형용사입니다.(← **핵심문법** CLASS 10 참조) what절 자체가 명사절로서, 동사 endure의 목적어 역할을 하고 있군요.

7 Let it be said ~ it safely to future generations.

여기에서의 it도 앞서 말한 대로 가짜 목적어로서 뒤의 that절을 가리키고 있습니다. that절은 두 개가 콤마로 병렬되어 있고, falter에서 끊어지는 것이 아니라 마지막의 future generations까지임에 주의하세요. 그리고 children's children은 차세대의 아이들에게 무게를 둔 매우 오바마다운 발언입니다.

nor did we falter는 부정문 뒤에 이어지는 「nor + 도치형」으로, 이것 역시 '또한 …도 아니다'라는 뜻이라는 것을 수차례 언급한 바 있습니다. let this journey end의 사역동사 let과 동사원형 end의 구조도 그렇고 말이지요.

with eyes fixed는 「with + 명사 + 과거분사」의 형태로 되어 있는데 이런 형태를 취하는 with는 '동시성'이나 '이유'를 나타냅니다.(← **핵심문법** CLASS 15 참조) 이런 구조에서는 with 바로 다음에 있는 명사와 과거분사가 수동 관계라는 것도 기억해 둡시다. 여기서도 명사 eyes와 동사 fix(고정하다)의 관계는 수동 관계가 되어 eyes are fixed, 즉 '눈이 고정되다'가 되지요. with eyes fixed는 '눈을 고정한 채' 또는 '응시하면서'와 같이 해석됩니다.

또 and 뒤의 God's grace upon us는 with God's grace upon us에서 with가 반복 사용되지 않고 생략된 것인데, 원래의 구조를 정리해 보면 「with + 명사 + 전치사구」의 모양이 됩니다. 즉, 과거분사 대신 전치사구를 이용하여 '동시성'과 '이유'를 나타낼 수도 있는 것이지요.

8 God bless you

이 문장을 보고 잘못된 문장이 아닌지 의심했다면 이미 상당한 문법 실력을 갖추고 있는 것입니다. 물론 문법의 관점으로 본다면, 표면적으로는 주어인 God이 단수이기 때문에 bless에 -es가 필요하다고 생각하기 쉽습니다. 하지만 God bless you.만큼은 그대로 써도 문제없습니다. 이 bless는 동사원형을 사용하는 가정법 현재용법으로 쓰여 '기원'의 뜻을 나타내고 있기 때문입니다. God blesses you.라면 단지 '신이 당신에게 가호를 베푼다.'이지만, God bless you.라고 쓰면, '당신에게 신의 가호가 있기를!'이라는 뜻이 되는 것이죠. 원래 이런 기원문은 조동사 may를 써서 May God bless you!로 표기했었지만 이런 용법은 지나치게 형식을 차린 것이어서 현재는 거의 쓰지 않고 있습니다.

현재 미국의 위기를 독립전쟁 때의 극한의 싸움과 오버랩 시키며 희망을 가지고 극복해 가자며 호소하는 최후의 메시지인 것 같군요. 미국 독립전쟁을 상기시켜 국민을 고무하는 내용과 함께 힘 있는 문체의 고품격 영문으로 연설의 대미를 장식하고 있습니다. 박수가 절로 나옵니다. 우리에게도 이런 강한 메시지를 가진 누군가가 나타나 리더십을 발휘해 줄 날이 올까요? 그때를 기다립시다.

영문법! 오바마에게 배워라

60 가짜 목적어 it이 무엇을 가리키는지 확실히 파악하라.

61 '동시성'와 '이유'를 나타내는 with의 용법에 주의하라.

62 동사원형을 사용해 '기원'을 나타낼 수 있다.

Part 3
핵심문법 CLASS

연설문에 반복적으로 등장하는 핵심문법 15가지를 간결한 개념 설명 및 정확한 예문과 함께 정리하여 언제고 찾아볼 수 있게 하였습니다.

핵심문법 CLASS 01 / 분사의 형용사 용법

분사는 현재분사와 과거분사로 나뉘며, 둘 다 영어문장 내에서 형용사의 역할을 할 수 있습니다. 형용사는 본래 명사를 수식하는 기능과 보어가 되는 기능이 있기 때문에, 분사도 그 두 기능을 모두 하고 있습니다. 단, 현재분사는 '능동·진행'의 이미지인 반면, 과거분사는 '수동·완료'의 이미지라는 것을 기억해 두세요.

용법		뜻
현재분사(-ing)	명사 수식 · 보어 역할	능동(…하는) · 진행(…하고 있는)
과거분사(p.p.)		수동(…되어진, …당한) · 완료(…해진)

1 명사를 수식하는 분사

1) 한 단어인 경우 → 명사 앞에서 수식 (-ing + 명사 / p.p. + 명사)

보통 분사가 한 단어로 명사를 수식하는 경우에는 일반적인 형용사와 마찬가지로 명사 앞에 놓입니다.

    Look at the sleeping baby. 자고 있는 아기를 보렴.
    → baby와 sleeping(자고 있는)은 능동 관계

    Look at that broken window. 저 깨진 창문을 보렴.
    → window와 broken(깨진)은 수동 관계

2) 두 단어 이상의 구를 형성하고 있는 경우 → 명사 뒤에서 수식 (명사 + -ing ... / 명사 + p.p. ...)

분사가 두 단어 이상의 구를 형성하고 있는 경우는 명사를 뒤에서 수식합니다.

　　　Look at the baby (sleeping in the cradle). 요람에서 자고 있는 아기를 보렴.
　　　→ baby와 sleeping은 능동 관계

　　　Look at that window (broken by Tom). 톰이 깨뜨린 저 창문을 보렴.
　　　→ window와 broken은 수동 관계

영문을 읽을 때는 이렇게 뒤에서 수식하는 경우를 잘못 해석하기 쉽기 때문에 주의해야 합니다. 「명사 + -ing ... / 명사 + p.p. ...」가 영문 속에 나오면 능동 관계와 수동 관계를 파악한 후, 굳이 뒤에서부터 해석할 것이 아니라 명사 뒤에 그 명사를 설명하는 정보가 온다는 생각으로 영어의 어순에 맞추어 뜻을 파악하는 것이 독해의 요령입니다.

2　보어가 되는 분사

분사가 보어가 되는 경우는 **SVC**와 **SVOC**의 두 가지 구조가 있습니다. **SVC**의 **C**를 '주격 보어', **SVOC**의 **C**를 '목적격 보어'라고 구분해서 말하지요. 현재분사가 주격 보어인 경우는 주어와 현재분사가 능동 관계, 과거분사가 주격 보어인 경우는 주어와 과거분사가 수동 관계가 된다는 것이 핵심입니다. 그렇다면 목적격 보어의 경우는 어떨까요? 현재분사가 목적격 보어인 경우에는 목적어와 현재분사가 능동 관계, 과거분사가 목적격 보어인 경우는 목적어와 과거분사가 수동 관계가 됩니다. 이러한 개념만 알고 있다면 문법 문제를 풀 때나 독해를 할 때 보다 정확한 결과를 얻을 수 있게 됩니다.

1) S + V + C(분사)

She kept standing in the train. 그녀는 전철 안에서 내내 서 있었다.

→ 주어 She와 standing은 능동 관계

They sat surrounded by many people. 그들은 많은 사람에게 둘러싸여 앉아 있었다.

→ 주어 They와 surrounded(둘러싸인)는 수동 관계

2) S + V + O + C(분사)

We should never keep our friends waiting. 친구를 기다리게 해서는 안 된다.

→ 목적어 friends와 waiting(기다리고 있는)은 능동 관계

I kept the door locked. 나는 문을 잠가 두었다.

→ 목적어 the door와 locked(잠긴)는 수동 관계

분사가 S나 O의 C 역할을 하는 경우를 접하면, 먼저 능동인지 수동인지를 파악한 후, S나 O와 C의 동격 관계를 생각하면서 영어의 어순대로 의미를 파악하는 것이 독해의 요령입니다.

핵심문법 CLASS 02 / 보어를 취하는 동사

자동사 중에는 보어를 취하는 동사가 있는데, 그러한 경우에는 보통 'S=C'의 관계가 성립됩니다. 보통 보어가 될 수 있는 품사는 형용사, 명사, 분사이고, 그중 형용사가 보어가 되는 경우가 가장 많습니다. 보어를 취하는 동사는 그리 많지 않으니 다음의 동사들을 기억해 두세요.

1 SVC형을 취하는 주요 동사

1) 상태

be C (C의 상태이다)
stand C (C의 상태로 서다)
sit C (C의 상태로 앉다)

2) 상태 유지

keep / remain / stay / lie / continue / hold C (C의 상태로 있다)

3) 상태 변화

become / get / come / go / run / grow / turn / fall C (C의 상태가 되다)

go는 부정적인 내용의 단어를 보어로 취합니다. 몇 가지 예를 보세요.
go wrong / bad (나빠지다), go blind (실명하다), go mad (미치다), go flat (펑크가 나다), go astray (길을 잃다), go sour (못쓰게 되다), go bankrupt (파산하다)

4) 지각

feel C (C하게 느끼다)

smell C (C의 냄새가 나다)

sound C (C로 들리다)

taste C (C의 맛이 나다)

look C (C로 보이다)

seem (to be) C (C처럼 보이다, C인 것 같다)

appear (to be) C (C인 것 같다)

prove (to be) C (C임이 드러나다, 입증되다)

turn out (to be) C (C임이 드러나다)

위와 같은 동사 뒤에 형용사가 함께 있다면, **SVC**의 형태를 취하고 있다 보고, 위에 정리되어 있는 뜻으로 해석해 보세요. 명사가 뒤따른다면 **SVO**의 형태로 읽어본 후, 뜻이 맞지 않을 경우 위의 뜻대로 해석하면 되겠지요. 'S = C'를 생각하면서 어순대로 읽어 나가는 것이 요령입니다.

핵심문법 CLASS 03 「V+A+전치사+B」의 형태로 쓰이는 동사

「V+A+전치사+B」의 형태로 쓰이는 동사들이 있습니다. 이런 동사는 뜻에 따라 취하는 전치사가 달라지기 때문에 뜻과 전치사를 연결하여 기억해 두면 효과적으로 어휘를 늘릴 수 있지요. 아래에 같은 구조이면서 전치사만 다른 동사들을 분류하여 정리해 두었습니다.

1 V A for B → 비난·칭찬

- □ blame A for B   B에 대해 A를 책망하다
- □ criticize A for B   B에 대해 A를 비판하다
- □ excuse A for B   B에 대해 A를 용서하다
- □ forgive A for B   B에 대해 A를 용서하다
- □ praise A for B   B에 대해 A를 칭찬하다
- □ punish A for B   B에 대해 A를 벌하다
- □ scold A for B   B에 대해 A를 야단치다
- □ thank A for B   B에 대해 A에게 감사하다

They blamed him for the mistake. 그들은 그 실수 때문에 그를 비난했다.

2 V A with B → 공급

- □ provide A with B   A에게 B를 공급하다
- □ feed A with B   A(사람이나 동물 등)에게 B(먹을 것)를 주다
- □ furnish A with B   A에게 B를 공급하다, A(집 등)에 B(가구 등)를 넣다
- □ present A with B   A에게 B를 제출하다
- □ reward A with B   A에게 B(보수 등)를 주다
- □ serve A with B   A에게 B를 제공하다, A에게 B(음식물 등)를 차려주다
- □ supply A with B   A에게 B를 공급하다

Cows provide us with milk. 젖소는 우리에게 우유를 공급해 준다.

3 V A from B

1) 방해·구조

- prevent A from B — A가 B하는 것을 방해하다
- ban A from B — A가 B하는 것을 금지하다
- discourage A from B — A에게 B를 단념시키다
- hinder A from B — A가 B하는 것을 방해하다
- keep A from B — A가 B하는 것을 방해하다
- prohibit A from B — A가 B하는 것을 금지하다
- protect A from B — A를 B로부터 지키다
- rescue A from B — A를 B로부터 구하다
- save A from B — A를 B로부터 구하다
- stop A from B — A가 B하는 것을 막다
- dissuade A from B — A에게 B하지 않도록 설득하다

The snow prevented us from playing tennis. 눈이 우리가 테니스 치는 것을 방해했다. → 눈이 내려서 우리는 테니스를 칠 수 없었다.

2) 구별

- distinguish A from B — A와 B를 구별하다
- know A from B — A와 B를 구별하다
- tell A from B — A와 B를 구별하다

I can't distinguish him from his brother.
나는 그와 그의 남동생을 구분하지 못한다.

4 V A of B

1) 정보 제시

- inform A of B — A에게 B를 알리다
- convince A of B — A에게 B를 확신시키다
- persuade A of B — A에게 B를 납득시키다
- remind A of B — A에게 B를 기억나게 하다
- warn A of B — A에게 B를 경고하다

- [ ] suspect A of B   A에게 B의 혐의를 두다

I informed her of his arrival. 나는 그녀에게 그의 도착을 알렸다.

2) 약탈

- [ ] rob A of B   A로부터 B를 빼앗다
- [ ] clear A of B   A로부터 B를 제거하다
- [ ] cure A of B   A(환자)의 B(병)를 고치다
- [ ] deprive A of B   A로부터 B를 빼앗다
- [ ] empty A of B   A(용기)에서 B(내용물)를 꺼내다
- [ ] relieve A of B   A에서 B를 제거하여 안심시키다
- [ ] rid A of B   A에서 B를 제거하다
- [ ] strip A of B   A로부터 B(몸)에 지닌 것을 빼앗다

The burglar robbed him of his wallet. 강도는 그에게서 지갑을 빼앗았다.

5 V A into B → 변화

- [ ] change A into B   A를 B로 바꾸다
- [ ] convert A into B   A를 B로 바꾸다
- [ ] divide A into B   A를 B로 나누다
- [ ] make A into B   A를 B로 바꾸다, A(원재료)를 B(제품)로 만들다
- [ ] transform A into B A를 B로 바꾸다
- [ ] translate A into B A를 B로 옮기다/번역하다
- [ ] turn A into B   A를 B로 바꾸다

The marriage changed him into another man.
결혼하고 그는 딴 사람이 되었다.

6 V A as B → 사고

- [ ] regard A as B   A를 B로 간주하다
- [ ] accept A as B   A를 B로 받아들이다
- [ ] acknowledge A as B A를 B로 인정하다
- [ ] classify A as B   A를 B로 분류하다

- ☐ count A as B　　　　A를 B라고 생각하다
- ☐ define A as B　　　　A를 B라고 정의하다
- ☐ describe A as B　　　A를 B라고 묘사하다
- ☐ identify A as B　　　 A를 B라고 알아보다
- ☐ look on[upon] A as B　A를 B로 간주하다
- ☐ recognize A as B　　 A를 B로 인지하다
- ☐ see A as B　　　　　A를 B로 간주하다
- ☐ think of A as B　　　A를 B로 간주하다
- ☐ view A as B　　　　A를 B로 간주하다

We regard her as kind. 우리는 그녀가 친절하다고 생각한다.

핵심문법 CLASS 04 / 틀리기 쉬운 수동태

「be동사+p.p.」의 형태를 일반적으로 수동태라고 하는 것은 알고 있으리라 봅니다. 수동태가 목적어를 주어로 바꾼 결과라는 것을 이해했다면, 다음과 같은 다소 복잡한 형태에 주의를 기울여 보세요. 수동태의 개념을 기억한 채, 시제를 적용하는 것이 중요합니다.

1   조동사를 포함한 수동태 → 조동사 + be p.p.

This bridge will be built soon. 이 다리는 곧 지어질 것이다.

2   수동태의 진행형 → be being p.p.

This bridge is being built now. 이 다리는 현재 건축 중이다.

3   수동태의 완료형 → have been p.p.

This bridge has been built by a lot of people. 이 다리는 많은 사람에 의해 지어졌다.

핵심문법 CLASS 05 / 접속사 that의 용법

that은 영어 단어 중에서 가장 다양한 기능을 가지고 있어 어려운 단어 중 하나입니다. 그 수많은 기능 중에서, 오바마 대통령 취임연설에 등장한 접속사 that과 강조구문에 대해 아래에 정리해 놓았습니다.

1 명사절

1) 주어가 되는 경우

[**That** you study French now] is a good idea.
       S   V   C

네가 지금 불어를 공부하는 것은 좋은 생각이다.

That you study French now라는 명사절이 is의 주어 역할을 합니다. 그런데 that절이 주어가 되는 경우에는 가짜 주어 it을 문장 앞에 두고, that절을 뒤에 두는 경우가 많습니다.

It is a good idea [**that** you study French now].

It은 that절을 가리키는 가주어입니다.

2) 보어가 되는 경우

My opinion is [**that** he really doesn't understand you].
          S   V   C

내 생각은 그가 정말로 네 말을 이해하지 못하고 있다는 것이다.

that he really doesn't understand you의 명사절이 is의 보어 역할을 하고 있습니다.

3) 목적어가 되는 경우

She said [**that** she would come early]. 그녀는 일찍 온다고 했다.
  S   V   O

that she would come early의 명사절이 타동사 said의 목적어 역할을 하고 있습니다. 이처럼 타동사의 목적어가 되는 경우 접속사 that은 종종 생략됩니다.

4) 동격이 되는 경우

The fact [**that** you like her] is not important. 네가 그녀를 좋아한다는 사실은 중요하지 않다.

that you like her의 명사절이 the fact의 내용을 구체적으로 설명하고 있습니다.

관계대명사 that과의 구별

동격의 that절은 뒤에 놓여 앞에 있는 명사의 내용을 설명하기 때문에 관계대명사 that처럼 보일 수 있습니다. 하지만 구조적으로 관계대명사는 뒷문장에서 주어, 목적어, 보어, 전치사의 목적어 중 한 가지의 역할을 하기 때문에 that 뒤의 문장이 반드시 그에 해당하는 명사 하나가 빠진 불완전한 문장이 되는 반면, 동격의 that은 접속사이므로 뒷문장이 완전한 문장의 모습을 하고 있습니다.

The fact (**that** I heard yesterday) is not important.
S   V   C

내가 어제 들은 사실은 중요하지 않다.

이 that은 뒤의 타동사 heard의 목적어 역할을 하는 목적격 관계대명사로, that I heard yesterday는 형용사절이 되어 앞의 명사 fact를 수식하고 있습니다. 타동사 heard의 목적어가 없는 불완전한 문장이라는 것에 주의하세요.

단, 영어의 어순대로 읽는 것과 명사에 대해 정보를 덧붙이는 역할을 한다는 것은 동격이나 관계사나 마찬가지인데, 특히 동격의 경우에는 정보의 내용이 수식이 아니라 동등한 내용이 된다고 생각하면 되겠지요.

2   부사절

1) so ... that / such ... that (매우 …이므로 ~하다 : 결과)

so나 such와 연동하여 움직이는 접속사 that은 '결과'나 '정도'를 나타냅니다. 보통 so는 뒤에 형용사나 부사가, such는 명사가 온다는 것에 주의합시다. 영문을 읽을 때, so나 such가 나오면 뒤에 that이 오는지를 예상하며 읽는 것이 요령입니다. so와 such의 활용 예를 비교해 보세요.

> This is so simple that a child can understand it.
>
> 이것은 매우 간단해서 어린아이라도 알 수 있다.(이것은 어린아이라도 알 만큼 간단하다.)
>
> This is such a simple question that a child can understand it.
>
> 이것은 매우 간단한 문제라서 어린아이라도 알 수 있다.(이것은 어린아이라도 알 만큼 간단한 문제다.)

2) so that

so that은 '목적'과 '결과'의 두 가지 용법이 있기 때문에 경우에 따라 판단이 필요합니다. '결과'의 경우, 앞에 콤마가 있거나 뒤에 오는 동사에 조동사가 따라 나오지 않는 등 판단에 도움이 되기도 하지만, 정확한 판단은 문맥으로 결정됩니다.

A. 목적 (…하기 위해)

> He works hard so that his family may live in comfort.
>
> 그는 가족이 안락하게 지낼 수 있도록 열심히 일한다.

목적을 나타내는 so that은 in order that으로 바꾸어 쓸 수 있습니다.

> He works hard in order that his family may live in comfort.

B. 결과 (~한 그 결과 …)

> Tom missed the train, so that he was late for work.
>
> 톰은 기차를 놓쳐 직장에 지각을 하고 말았다.

핵심문법 CLASS 06 / 분사구문

분사구문이란 접속사를 생략하고, 대신 분사를 이용한 형태라고 할 수 있습니다. 접속사를 포함한 문장을 분사구문으로 바꾸는 다음 과정을 보세요.

> **접속사를 포함한 문장이 분사구문으로 바뀌는 과정**
>
> Because he had a lot of work, the man didn't want to go there.
> ← 접속사를 생략하고 동사를 현재분사로 바꿈
> ← 주절과 같은 주어라면 생략할 것
> Having a lot of work, the man didn't want to go there.
> 그 남자는 일이 많았기 때문에 그곳에 가고 싶지 않았다.

고등학생이 된 기분인가요? 내친 김에 분사구문의 다양한 위치와 그에 따른 의미, 더불어 특수한 분사구문에 대해 확실하게 정리해 봅시다.

1 분사구문의 판단과 위치

분사구문은 보통 콤마를 이용하여 문장에서 독립한 현재분사, 과거분사 형태로 그 위치는 다음과 같이 세 가지로 구분될 수 있습니다.

1) 문장의 첫머리 : -ing / p.p. ..., S + V ~

   Singing merrily, Jane walked in the park.
   제인은 즐겁게 노래를 부르면서 공원을 산책했다.

2) 문장의 끝 : S + V ..., -ing / p.p. ~

    Jane walked in the park, singing merrily.

3) 문장 중간에 삽입 : S, -ing / p.p. ..., V ~

    Jane, singing merrily, walked in the park.

2 분사구문의 의미

분사구문의 의미는 다음과 같이 6가지로 상세 분류되는데, 그중 '시간'과 '원인·이유'의 분사구문은 종종 명확히 분류하는 것이 무의미한 경우가 생깁니다. 그런데 결국 그 애매모호한 점이 분사구문의 본질이기도 하지요. 영문을 독해할 때, 의미 파악을 위해서는 주절과의 관계를 생각하면서 능동·수동 등을 따져 읽는 것이 중요하지만, 분사구문의 상세한 의미까지 지나치게 분석할 필요는 없습니다. 문맥으로 대부분의 의미를 파악할 수 있으면 그것으로 충분합니다.

1) 시간

    Walking down the street yesterday, I met her.

                                                     나는 어제 길을 걷다가 그녀를 만났다.

2) 원인·이유

    Not knowing what to do, I telephoned her.

                                     나는 어떻게 하면 좋을지 몰라서 그녀에게 전화했다.

3) 동시 동작·상황

    Chatting about the news, they walked into the hotel.

                                그들은 그 뉴스에 대해 수다를 떨면서 호텔로 들어갔다.

4) 동작의 계속

My train departs at six, arriving in Chicago at ten.

내가 타는 열차는 6시에 출발해서 시카고에 10시에 도착한다.

5) 조건

Turning to the left, you will find the church. 왼쪽으로 돌면 교회가 있습니다.

6) 양보

Admitting that he is kind, I don't like him.

그가 친절하다는 건 인정하지만 나는 그를 좋아하지 않는다.

'양보'의 용법은 자주 쓰이지는 않습니다. 관용구로 생각하여 익혀 두세요.

3   수동태의 분사구문

수동태의 분사구문은 문법적으로 「being + p.p.」가 되어야 하지만, 그렇게 쓰이는 일은 많지 않습니다. 대신, 보통 being을 생략하고 과거분사로 시작하는 형태가 되지요.

TOEIC을 비롯한 많은 자격시험에서 주절의 주어와 분사구문이 되는 동사가 수동 관계임에 주목하여 과거분사를 답하라는 유형의 문제가 많이 출제되니 확실히 소화해 두는 것이 좋습니다.

Seen from the sky, the house looked like a small toy.

하늘에서 보니 그 집은 작은 장난감처럼 보였다.

주절의 주어인 the house와 동사 see가 수동관계이므로 being seen에서 being을 생략한 분사구문이군요. Seeing from …이 되지 않는다는 것에 주의하세요.

4 완료의 분사구문

분사구문의 완료형인 having p.p.는 보통 주절의 시제보다 한 단계 이전의 시제나 완료시제를 나타냅니다.

Having drunk too much yesterday, I have a headache.
어제 너무 많이 마셔서 머리가 아프다.

주절의 동사 have가 현재형이군요. 따라서 완료 분사구문 having drunk는 과거시제를 나타냅니다.

Having finished my work, I went to bed. 나는 일이 끝난 후[끝나서] 잠을 잤다.

주절의 동사 went가 과거형이군요. 따라서 완료 분사구문 having finished 는 과거완료시제를 나타냅니다.

5 독립분사구문

분사구문에서 의미상의 주어가 주절의 주어와 일치할 때는 지금까지 보았던 예문에서처럼 주어를 명시하지 않지만, 양쪽의 주어가 다를 경우에는 분사구문의 의미상 주어를 분사 앞에 명시해야 합니다. 이렇게 분사구문 앞에 의미상의 주어가 남아 있는 것을 '독립분사구문'이라고 합니다.

It being very cold, we stayed at home. 너무 추워서 우리는 집에 있었다.

이 문장에서 being은 분사구문이지만 그 바로 앞에 의미상의 주어인 It이 있다는 것에 주의하세요. 영어에서는 온도나 날씨, 밝기 등을 말할 때, 우리말로는 번역되지 않지만 it을 주어로 씁니다. 즉, '날이 춥다.'는 It is cold.인 것이지요. 만일 이 It을 써주지 않으면, 주절의 주어 we가 동시에 being cold의 주어가 되어 뜻을 알 수 없는 문장이 되고 맙니다.

관용적으로 숙어처럼 굳어진 분사구문 표현들도 있으니 반드시 기억해 둡시다.

☐ generally speaking	일반적으로 말하면
☐ strictly speaking	엄밀히 말하면
☐ frankly speaking	솔직히 말하면
☐ judging from A	A로 판단하면
☐ considering A	A를 고려하면
☐ compared with A	A와 비교해서
☐ talking[speaking] of A	A라면
☐ weather permitting	날씨가 허락하면
☐ such being the case	그런 사정이기 때문에, 그런 이유로
☐ granted[granting] that **S+V**	…라 하더라도
☐ seeing that **S+V**	…인 이상은
☐ all things considered	모든 것을 고려하면
= taking all things into consideration	

6 being이 생략된 분사구문

분사구문의 being이 일반적으로 생략되는 경우도 있습니다.

　　(Being) An orphan, my father had to start earning money at ten.
　　　　　　　우리 아버지는 고아였기 때문에 열 살 때부터 돈을 벌어야 했다.

이 문장의 An orphan이 콤마로 뒤의 문장과 분리되어 있는 것에 주목해 주세요. 이렇게 보어가 되는 형용사나 명사가 독립해 있는 경우에는 앞에 분사구문의 being이 생략되어 있을 가능성이 있습니다.

핵심문법 CLASS 07 / 부정과 맞물린 비교 표현

비교 표현에 no나 not 등의 부정어가 붙으면 그 의미가 상당히 까다로워지기 때문에 어렵게 느껴집니다. 이번 기회에 '부정의 뜻이 포함된 비교'의 중요 패턴을 확실히 정리해 둡시다.

1 수량 표현과 세트가 되는 것

1) no more than = only (…밖에 없다)

   I have no more than 500 won. 나는 500원밖에 없다.

2) not more than = at most (기껏해야 …밖에 없다)

   I have not more than 500 won. 나는 기껏해야 500원밖에 없다.

3) no less than = as much/many as (…이나)

   I have no less than 500 won. 나는 500원이나 가지고 있다.

4) not less than = at least (적어도)

   I have not less than 500 won. 나는 적어도 500원은 가지고 있다.

2 no more … than ~

   A whale is no more a fish than a horse is. 고래는 말과 마찬가지로 물고기가 아니다.

no more … than ~은 '부정적인 면에서 같다'는 의미이므로 '~와 마찬가지로 … 아니다'라고 해석됩니다. 다음 예문의 not … any more than ~과 not any more … than ~도 같은 뜻을 나타냅니다.

A whale is not a fish any more than a horse is.
A whale is not any more a fish than a horse is.

3 no less ... than ~

A whale is no less a mammal than a horse is. 고래는 말과 마찬가지로 포유류이다.

no less ... than ~은 '긍정적인 면에서 같다'는 의미이므로 '~와 마찬가지로 …이다'라고 해석됩니다.

cf. no less ... than ~은 동등 비교의 as ... as로 바꾸어 쓸 수 있는 경우가 있습니다.

She is no less beautiful than her sister.
= She is as beautiful as her sister. 그녀는 언니와 마찬가지로 아름답다.

핵심문법 CLASS 08 / 부정사의 부사적 용법

부정사의 부사적 용법에는 여러 가지가 있습니다. 부정사는 영문법의 필수 요소이니 이번 기회에 중요한 것을 확실히 정리해 둡시다.

1 목적 (…하기 위해)

We took a taxi to get there in time.
우리는 제시간에 그곳에 도착하기 위해 택시를 탔다.

이때는 so as to do나 in order to do로 바꿔 쓸 수도 있습니다.

We took a taxi so as to get there in time.
We took a taxi in order to get there in time.

부정사를 부정할 때는 not to do나 never to do를 쓰는데, 유독 목적의 부정형 '…하지 않으려고'라고 할 때는 not to do의 형태보다는 so as not to do나 in order not to do의 형태를 주로 씁니다.

We took a taxi in order[so as] not to miss the train.
우리는 기차를 놓치지 않으려고 택시를 탔다

2 결과 (…해 보니 ~였다, …했지만 ~였다)

The man woke up to find himself in bed. 그 남자는 깨어보니 침대에 있었다.

이 경우에는 주로 앞에서부터 해석해 나가는 데 주의하세요. 부정사에 only가 붙는 경우는 주로 '결과'의 용법이 되는 때가 많고 역접의 뜻이 됩니다.

He studied hard, only to fail the exam. 그는 열심히 공부했지만 시험에 떨어졌다.

3   감정의 원인 (···해서)

She was glad to have her child back. 그녀는 아이가 돌아와서 기뻤다.

바로 앞의 감정을 나타내는 형용사를 받아 그 감정의 원인을 나타내는 부사적 용법입니다.

4   판단의 근거 (···하다니)

He must be foolish to quarrel with her. 그녀와 싸우다니 그는 바보임에 틀림없다.

이 용법의 경우, 주절에 must(···임에 틀림없다)나 can't(···일 리 없다) 등의 조동사나 감탄문의 how 등이 쓰이는 일이 많다는 것을 알아두세요.

5   조건·가정 (···하면)

To hear her sing, you would take her for a professional.
그녀가 노래하는 것을 들으면 넌 그녀를 직업 가수라고 생각할 거야.

6   적용 범위의 한정 (···하기에)

English is easy to learn. 영어는 배우기 쉽다.

이 부정사는 바로 앞에 있는 easy의 내용을 한정하고 있습니다.

핵심문법 CLASS 09 / 도치

도치는 일반적으로 '문장의 요소가 이동한 것'이라고 설명할 수 있습니다. 도치를 일으킨 문장은 문장 구조가 보통 때와는 다르다는 것을 아는 것이 중요합니다. 도치를 눈치 채는 감각을 익힙시다. 도치의 패턴은 많지 않으니 그것을 확실히 외워두고 즉시 알아챌 수 있도록 연습합시다.

1 부사구 + VS 도치(← SV + 부사구)

Rome is among the most famous cities in Europe.
로마는 유럽에서 가장 유명한 도시에 속한다.

→ Among the most famous cities in Europe is Rome.
　　　부사구　　　　　　　　　　　　V S

부사 요소(이 경우는 Among ... Europe의 전치사구)는 주어가 될 수 없음에 주목하고 도치라는 것을 알아채야 합니다. 이 패턴은 부사 요소가 전치사구, 동사는 be동사나 stand, sit, lie, hang 등의 자동사인 경우가 많은 것이 특징입니다.

2 CVS 도치 (← SVC)

Those who know the pleasure of making people happy are happy.
남을 행복하게 하는 기쁨을 아는 사람들은 행복하다.

→ Happy are those who know the pleasure of making people happy.
　　C　　V　S

형용사는 주어가 될 수 없음에 주목하고 도치된 상황이라는 것을 알아챕니다. 이 패턴의 동사는 거의 be동사이며 보어는 주로 형용사가 되는 것이 특징입니다.

3 OSV 도치 (← SVO)

He broke this promise in less than a week.
그는 이 약속을 일주일도 안 돼서 깨뜨렸다.

→ This promise he broke in less than a week.
       O   S   V

문장 첫머리의 This promise가 뒤에 있는 broke의 목적어라는 것을 알아채는 것이 중요합니다. 목적어는 명사이므로 언뜻 보면 주어 역할을 하는 것처럼 보여 뒤의 SV 부분이 관계사가 생략된 형태라고 생각하기 쉽지만, 그렇게 생각하면 그에 대한 술어 동사가 뒤에 나오지 않기 때문에 도치를 알아챌 수 있습니다. 또, 타동사 broke 뒤에 목적어가 없어진 것에도 주목하세요.

4 SVCO 도치 (← SVOC)

Agriculture made a rapid increase in the number of the human population possible. 농업은 인구를 급속히 늘리는 일을 가능하게 했다.

→ Agriculture made possible a rapid increase in the number of the
       S   V   C   O

human population.

이 패턴에서는 C의 형용사가 뒤의 명사를 수식할 수 없다는 것에 주목하여 도치를 알아채야 합니다. 목적어가 되는 명사에 긴 수식어구가 붙거나 목적어가 구나 절인 경우 문장 구조를 보다 명확히 하기 위해 도치하는 경우가 많습니다.

핵심문법 CLASS 10 / What의 용법

what은 영문 속에 수없이 나오는 단어로 기본 기능은 명사절을 형성하는 것입니다. 그 명사절은 문장에서 주어, 목적어, 보어 역할을 하고, what이 대명사이기 때문에 절 안에서 스스로 주어, 목적어, 보어 역할을 합니다.
아래에 what이 명사절을 이끄는 경우를 모두 정리하고 있으니 꼭 기억해 둡시다. 독해를 할 때는 관계사와 의문사를 엄밀하게 구분할 필요가 없다는 것도 염두에 두세요.

1 what절이 주어일 때

         S'   V'   C'
[**What** surprised me] was the fact. 나를 놀라게 한 것은 그 사실이었다.
            S   V   C

명사절인 What surprised me가 문장 전체의 동사 was의 주어 역할을 하면서 what 자체는 절 안의 동사 surprised의 주어 역할을 하고 있군요. 이 what은 관계대명사입니다.

2 what절이 보어일 때

            C'   S' V'
Jane is not [**what** she was]. 제인은 예전의 그녀가 아니다.
  S V   C

명사절 what she was가 문장 전체의 동사 is의 보어 역할을 하면서 what 자체는 절 안의 동사 was의 보어 역할을 하고 있습니다. 이 what은 관계대명사입니다.

3 what절이 타동사의 목적어일 때

>   o'   s'   v'
> Ask him [**what** he said to her]. 그가 그녀에게 무슨 말을 했는지 그에게 물어보세요.
> V   O₁   O₂

명사절 what he said to her가 문장 전체의 동사 ask의 목적어 역할을 하면서 what 자체는 절 안의 동사 said의 목적어 역할을 하고 있습니다. 이 what은 의문사입니다.

「what + A(명사) …」로 '어떤 A를 …'이라고 해석하는 명사절을 형성하고 있는 경우가 있습니다.

>   o'   s'   v'
> Tell me [**what** book I should read first]. 내가 어떤 책을 먼저 읽어야 할지 알려줘.
> V   O₁   O₂

명사절 what book I should read first가 문장 전체의 동사 tell의 직접목적어 역할을 하면서, what book이 절 안의 동사 read의 목적어 역할을 하고 있습니다. 이 what은 의문사(의문 형용사)입니다.

또한「what + A(명사) …」로 '…하는 모든 A'라는 표현을 할 수도 있습니다.

>   o'   s'   v'
> Give me [**what** books you have]. 네가 가지고 있는 모든 책을 나에게 다오.
> V   O₁   O₂

명사절 what books you have가 영문 전체의 동사 Give의 목적어 역할을 하면서 what books가 절 안의 동사 have의 목적어 역할을 하고 있습니다. 이 what은 관계사(관계형용사)입니다.

핵심문법 CLASS 11 / S와 V가 떨어져 있는 경우

영어의 기본 어순은 S 뒤에 V가 오는 것이지만, 그 사이에 형용사구나 형용사절이 들어가 S와 V가 떨어지면 독해나 청취를 할 때 한결 어려워집니다. 이런 경우의 요령은 항상 문장 첫머리의 명사를 S로 간주한 후, 그 S에 대한 V를 의식적으로 찾으면서 읽거나 듣는 것입니다. 아래에 무엇이 삽입되었는지에 따라 S와 V가 떨어져 있는 패턴을 분류하여 제시해 두었습니다.

1 S + 전치사구 + V

The **girl** (in a red dress) **is** Jane. 빨간 옷을 입은 여자 아이가 제인입니다.

주어 girl과 술어 동사 is 사이에 전치사구가 있습니다.

2 S to do ... V

The first **man** (to fly nonstop across the Atlantic) **was** John Alcok.

대서양을 무착륙 비행한 최초의 남자는 존 앨콕이었다.

주어 man과 술어 동사 was 사이에 형용사 용법의 부정사가 있습니다.

3 S doing ... V

The **girl** (talking to the teacher) **is** very intelligent.

선생님에게 이야기하고 있는 그 소녀는 아주 영리하다.

주어 girl과 술어 동사 is 사이에 현재분사 talking이 이끄는 형용사구가 있습니다.

4   S done ... V

The **people** (invited to the reception) **were** his old friends.
　　　　S　　　　　　　　　　　　　　V

그 피로연에 초대 받은 사람들은 그의 옛 친구들이었다.

주어 people과 술어 동사 were 사이에 과거분사 invited가 이끄는 형용사구가 들어간 패턴입니다. invited는 규칙동사이며 과거형과 과거분사형이 같기 때문에 과거형과 혼동하여 문장의 술어 동사로 보는 실수를 하지 않도록 주의하세요.

5   S + 관계대명사절 + V

The **person** (who solved this question) **will win** a thousand dollars.
　　　　S　　　　　　　　　　　　　　　V

이 문제를 푼 사람은 천 달러를 차지할 것이다.

주어 person과 술어 동사 will win 사이에 주격 관계대명사 who가 이끄는 형용사절이 있습니다.

6   S + 관계부사절 + V

The **house** (where we will stay during the holidays) **stands** in the
　　　　S　　　　　　　　　　　　　　　　　　　　　V
middle of a wood. 우리가 휴가 중에 체재할 집은 숲 한가운데에 있다.

주어 house와 술어 동사 stands 사이에 관계부사 where가 이끄는 형용사절이 있습니다.

> **cf.** 동격의 that절이 S와 V사이에 들어 있는 예문과 비교하세요.

The **fact** [that he died yesterday] **surprised** them.
　　　　S　　　　　　　　　　　　　V
　　　　　=

그가 어제 죽었다는 사실이 그들을 놀라게 했다.

핵심문법 CLASS 12 / 구전치사

in spite of A나 because of A와 같이 두 개 이상의 단어로 구성되어 하나의 전치사 역할을 하는 것을 구전치사[군전치사]라고 합니다. TOEIC 등의 시험에도 매우 자주 나오는 분야이죠. 아래에 중요한 구전치사를 모아 두었으니 반드시 소리를 내면서 외워보세요.

- ☐ according to A   A에 따르면 / A에 따라
- ☐ along with A   A와 함께
  - = together with A
- ☐ apart[aside] from A   A는 차치하고
- ☐ as a result of A   A의 결과로
- ☐ as far as A   A까지
- ☐ as for[to] A   A에 대해
  - = with[in] regard to A
  - = with[in] respect to A
  - = as regards A
  - = respecting A
  - = concerning A
- ☐ at the risk of A   A의 위험을 무릅쓰고
- ☐ at the mercy of A   A의 마음대로
- ☐ at the end of A   A의 끝에
- ☐ at the cost of A   A를 희생하여
  - = at the expense of A
  - = at the price of A
  - = at the sacrifice of A
- ☐ because of A   A 때문에 (인과)
  - = on account of A
  - = owing[due] to A
- ☐ beyond the reach of A   A가 미치지 않는 곳에서

- but[except] for A   A 없이, A 빼고
  = without A
- by way of A   A를 경유하여, A라는 생각으로
- by means of A   A에 의해 (수단)
  = by dint of A
- by[in] virtue of A   A 덕분에
- contrary to A   A에 반하여
- for the sake of A   A를 위해 (이익)
  = for the benefit of A
  = for the good of A
  = in the interest of A
  = on[in] behalf of A
- for the purpose of A   A를 위해 (목적)
  = with a view to A
  = with the intention of A
- for lack of A   A가 없어서, A가 부족하여
  = for want of A
- for fear of A   A를 우려하여, A하지 않도록
- in accordance with A   A에 따라
- in the presence of A   A의 면전에서
- in (the) light of A   A를 고려하여
  = considering A
- in the event[case] of A   A의 경우에는
- in the eyes of A   A로 보면
- in the face of A   A에 직면하여, A에도 불구하고
- in the company of A   A와 함께
- in view of A   A를 생각해서, A가 보이는 곳에
- in terms of A   A의 관점에서
  = from the viewpoint of A
- in the sight of A   A로 보면
- in front of A   A 앞에
- in place of A   A 대신에, A를 대표하여
  = on behalf of A
  = instead of A

- ☐ in case of A — A의 경우에, A에 대비하여
- ☐ in addition to A — A에 덧붙여 (추가)
  - = besides A
- ☐ in spite of A — A에도 불구하고 (역접)
  - = despite A
  - = with[for] all A
  - = notwithstanding A
  - = in the face of A
  - = regardless of A
- ☐ in favor of A — A에 찬성하여
- ☐ in the course of A — A 동안에
  - = during A
- ☐ in the absence of A — A가 없어서
- ☐ in honor of A — A에게 경의를 표하여, A를 기념하여
- ☐ in[with] relation to A — A에 관하여
- ☐ in search of A — A를 찾아서
- ☐ next to A — A 옆에
- ☐ on the ground of A — A라는 이유로
- ☐ on[at] the point of A — 막 A를 하려고 하여
  - = on the verge of A
- ☐ on the part of A — A쪽에서
- ☐ out of A — A로부터
- ☐ prior to A — A에 앞서
- ☐ regardless of A — A를 무시하고, A와는 관계없이
- ☐ thanks to A — A 덕분에
- ☐ up to A — A까지, A의 책임으로

핵심문법 CLASS 13 / 강조구문

어떤 문장에서 명사(구/절)나 부사(구/절)를 강조하고 싶은 경우, 그 어구를 떼어내 「It is + 강조하고 싶은 부분 + that ....」과 같이 It is와 that 사이에 넣으면 강조가 됩니다.

Bob played tennis with Jane yesterday. (밥은 어제 제인과 테니스를 쳤다.) 라는 문장으로 다음과 같은 강조구문들을 만들 수 있습니다.

1 주어인 명사 Bob을 강조

It was **Bob** that played tennis with Jane yesterday.

어제 제인과 테니스 친 사람은 **밥**이었습니다.

강조하는 명사가 '사람'인 경우는 that 대신 who, '사물'인 경우는 which를 사용하는 경우도 있습니다.

It was **Bob** who played tennis with Jane yesterday.

2 목적어인 명사 tennis를 강조

It was **tennis** that Bob played with Jane yesterday.

어제 밥이 제인과 친 것은 **테니스**였습니다.

3 부사구 with Jane을 강조

It was **with Jane** that Bob played tennis yesterday.

어제 밥이 테니스를 같이 친 사람은 **제인**이었다.

4 부사 yesterday를 강조

It was **yesterday** that Bob played tennis with Jane.
밥이 제인과 테니스를 친 날은 <u>어제</u>였습니다.

cf. 상관 관계에 있는 구나 절이 강조되어 있는 복잡한 예문에 주의하세요.

It is **not how much you read but what you read** that counts.
중요한 것은 <u>얼마나 읽느냐가 아니라 무엇을 읽느냐</u>이다.

핵심문법 CLASS 14 / if절을 사용하지 않는 가정법

가정법의 조건절은 if절을 사용하지 않고도 여러 가지로 표현할 수 있습니다. 가정법을 알아보려면, 먼저 주절에 would, could, might 등 조동사의 과거형이 있는지를 본 후, 현재의 일에는 과거형을, 과거의 일에는 과거완료형을 사용하는 가정법만의 시제를 알아보아야 합니다.

1 전치사구를 사용하는 가정법

With a little more patience, you could have succeeded.
= If you had a little more patience, you could have succeeded.
= If you had had a little more patience, you could have succeeded.
조금만 더 참았더라면 너는 성공했을 텐데.

전치사구를 사용하여 if절을 대신할 때는 with가 가장 많이 쓰입니다.

2 부정사구를 사용하는 가정법

To hear him talk, you would take him for an American.
= If you heard him talk, you would take him for an American.
그가 말하는 것을 들으면 너는 그를 미국인이라고 착각할 것이다.

cf. 아래와 같이 가짜 주어가 부정사구를 가리키면서 가정법이 된 문장에도 주의하세요.

It would have been better for you to go there. 당신이 그곳에 갔다면 더 좋았을 텐데.

영문법! 오바마에게 배워라 **173**

3 부사를 사용하는 가정법

Thirty years ago, it would have been considered strange.

= If it had been thirty years ago, it would have been considered strange. <u>30년 전이었다면 그것을 이상하게 생각했겠지.</u>

4 주어를 사용하는 가정법

Korean would not do such a thing.

= If he[she/you] were Korean, he[she/you] would not do such a thing. <u>한국인이라면 그런 일은 하지 않겠지요.</u>

5 분사구문을 사용하는 가정법

The man, living in this century, would be a hero.

= The man, if he lived in this century, would be a hero. <u>그 남자가 금세기에 살아 있다면 영웅이 되었겠지.</u>

핵심문법 CLASS 15 / 부대상황의 with

전치사 with가 명사 뒤에 또 하나의 요소(형용사, 현재분사, 과거분사, 전치사구, 부사 등)를 지배하고 있는 경우가 있는데, 그 용법의 with를 '부대상황의 with'라고 부르는 경우가 있습니다. 부대상황의 with는 두 개의 상황이 동시에 일어나고 있는 '동시성'을 나타내기도 하고 '이유'를 나타내기도 하는데, 주절과의 연결은 문맥에 따라 판단하면 되니 번역에 너무 신경을 곤두세울 필요는 없습니다. 또한 부대상황에서는 with 뒤에 있는 명사와 다음 요소 사이에 분사구문의 being이 생략되어 있다고 생각하는 것이 일반적입니다.

1   with + 명사 + 현재분사

He sat there **with** his eyes shining. 그는 눈을 반짝이며 그곳에 앉아 있었다.

with 바로 다음 명사와 뒤에 오는 동사의 관계가 능동인 경우, 「with + 명사 + 현재분사」를 사용합니다. 위의 문장에서는 with 이후의 his eyes와 shining에 능동 관계가 성립합니다. 분사구문의 being을 넣어 his eyes being shining으로 이해합시다.

2   with + 명사 + 과거분사

He sat there **with** his eyes closed. 그는 눈을 감고 그곳에 앉아 있었다.

with 바로 다음 명사와 뒤에 오는 동사의 관계가 수동인 경우, 「with + 명사 + 과거분사」를 사용합니다. 위의 문장에서는 with 이후의 his eyes와 closed에 수동 관계가 성립합니다. 분사구문의 being을 넣어 his eyes being closed로 이해합시다.

3 with + 명사 + 형용사

He sat there **with** the door open. 그는 문을 연 채로 그곳에 앉아 있었다.

여기에서의 open은 형용사입니다. 분사구문의 being을 넣어 the door being open으로 이해합시다.

4 with + 명사 + 전치사구

He sat there **with** his pipe in his mouth.
그는 파이프를 입에 물고 그곳에 앉아 있었다.

분사구문의 being을 넣어 his pipe being in his mouth로 이해합시다.

5 with + 명사 + 부사

He sat there **with** the light off. 그는 불을 끈 채 그곳에 앉아 있었다.

분사구문의 being을 넣어 the light being off로 이해합시다.